WORD 2010

ANA MARTOS RUBIO

ANAYA MULTIMEDIA

Responsable editorial:

Victor Manuel Ruiz Calderón

Susana Krahe Pérez-Rubín

Diseño de cubierta:

Cecilia Poza Melero

Edición española:

© EDICIONES ANAYA MULTIMEDIA
(GRUPO ANAYA, S.A.), 2011
Juan Ignacio Luca de Tena, 15.
28027, Madrid
Depósito legal: M. 27.036-2010
ISBN: 978-84-415-2786-7
Printed in Spain
Imprime: Gráficas Muriel, S.A.

Índice

I

INTRODUCCIÓN

Microsoft Word, el procesador de texto más completo y versátil del mercado, ha puesto en escena una nueva versión, Word 2010.

Word 2010 llega en una suite llamada Microsoft Office 2010, junto con otros programas. La nueva versión aporta novedades muy interesantes.

Si usted no ha trabajado anteriormente con Word, podrá comprobar las numerosas ventajas que le ofrece el trabajo con un procesador de texto potente y fácil de utilizar. Comprobará que puede equivocarse y corregir los errores sobre la marcha o al cabo del tiempo, con la garantía de que el texto no se deteriora ni queda huella de las correcciones y modificaciones aplicadas. Aprenderá a aplicar formatos diferentes a los distintos elementos del escrito, cambiándolos o alterándolos según sus necesidades o deseos. Y verá lo fácil, cómodo y práctico que resulta guardar textos e imágenes en un soporte electrónico en lugar de acumularlos en un archivador.

Si usted ha trabajado anteriormente con otras versiones de Word, encontrará muchas novedades muy útiles, prácticas e incluso divertidas. Aprenderá a personalizar el programa y a adecuarlo a sus necesidades y a sus gustos, podrá manejar y retocar imágenes insertadas en los textos como si de un programa de retoque fotográfico se tratase y aprenderá, además, a colocar textos en línea, en un espacio en Internet que Microsoft reserva exclusivamente para usted, desde el cual podrá asimismo compartir sus escritos y sus imágenes con sus amigos y familiares.

1

Conozca Word 2010

Word 2010 está comprendido en una suite ofimática llamada Microsoft Office 2010, que incluye varios programas.

INSTALACIÓN

Instalar Office 2010 es muy fácil porque el proceso es automático. Al insertar el disco que contiene el programa en el lector de CD-ROM, Windows muestra el cuadro de diálogo Reproducción automática sugiriendo varias acciones, entre ellas, instalar o ejecutar el programa. Acepte esa opción haciendo clic en ella o pulsando la tecla **Intro**.

Si es la primera vez que se instala Office y no hay una versión anterior, el programa de instalación da a elegir entre dos opciones:

- Instalar ahora. Instala la suite completa. Es la opción más recomendable si se carece de experiencia.
- Personalizar. Permite elegir los programas a instalar y seleccionar los componentes de cada uno. Para usuarios con experiencia.

Si tiene instalada una versión anterior de Office, el programa de instalación mostrará dos opciones:

- Actualizar. La nueva versión 2010 se instalará sobre la antigua, eliminándola.
- Personalizar. El programa le preguntará si desea actualizar la versión anterior o conservar la antigua e instalar la nueva en otra carpeta. Si desea mantener ambas, haga clic en el botón de opción Mantener todas las versiones anteriores.

Al final de la instalación aparece el cuadro de diálogo Configuración con opciones para actualizar Office 2010 cuando haya actualizaciones disponibles. Es recomendable dejar activado el botón de opción que aparece pulsado de forma predeterminada, **Usar configuración recomendada**. Haga clic en **Aceptar**.

Nota: A pesar de que Office 2010 convive con versiones anteriores, como Office 2007 ó 2003, es posible que Word le dé problemas al trabajar indistintamente con una u otra versión, porque a veces precisa reinstalar algún componente compartido y la puesta en marcha de cada versión se hace muy lenta. Si le sucede esto, desinstale una de las versiones y compruebe si desaparece el conflicto. Siempre podrá reinstalarla insertando de nuevo el disco de instalación. Vea más adelante la forma de desinstalar una versión de Office.

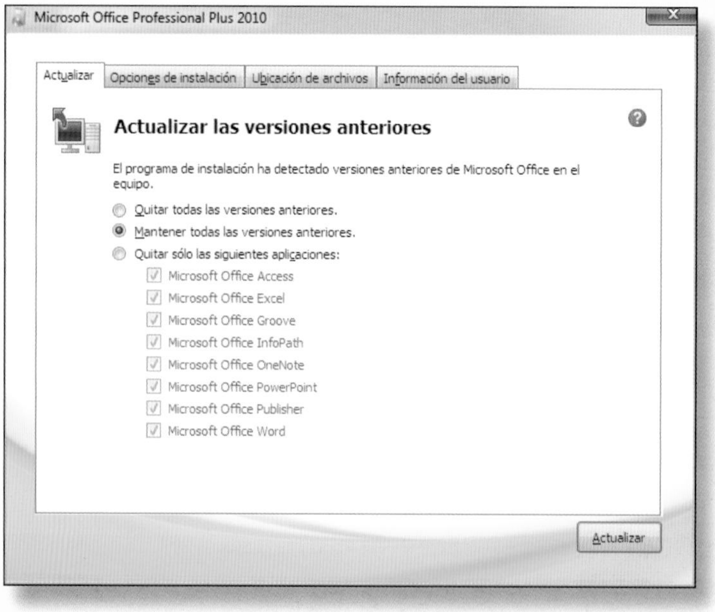

Figura 1.1. El programa de instalación permite mantener distintas versiones de Office.

Después de instalarlo, el programa le ofrecerá la opción de mantener la conexión con Internet para registrar y activar el producto, escribiendo la clave, o bien finalizar la instalación y activarlo más adelante.

Activación de Office 2010

La activación de Office es un proceso muy sencillo guiado por un asistente que solicitará la clave del producto. Si no se activa, al cabo de un tiempo pierde la mayoría de las funciones.

- Para comprobar si el producto está activado haga clic en la pestaña Archivo y después en la opción Ayuda. Si el programa necesita activación, encontrará un mensaje escrito en rojo en la parte superior derecha de la ventana indicando que se requiere activar el producto, así como el enlace Cambiar la clave en el que hacer clic para escribir la clave del producto.

- Si el producto no requiere activación, la misma ventana indicará Producto activado.

Nota: La clave del producto es una serie de números y letras de 25 caracteres que encontrará en un adhesivo pegado a la caja del disco de Office 2010. Después de escribir esta clave, puede registrar Microsoft Office a través de Internet, siguiendo unas sencillas instrucciones del Asistente. Si lo desea, también puede activar el producto por teléfono con ayuda del servicio de atención al cliente de Microsoft. El teléfono de Atención al Cliente es 902-197-198.

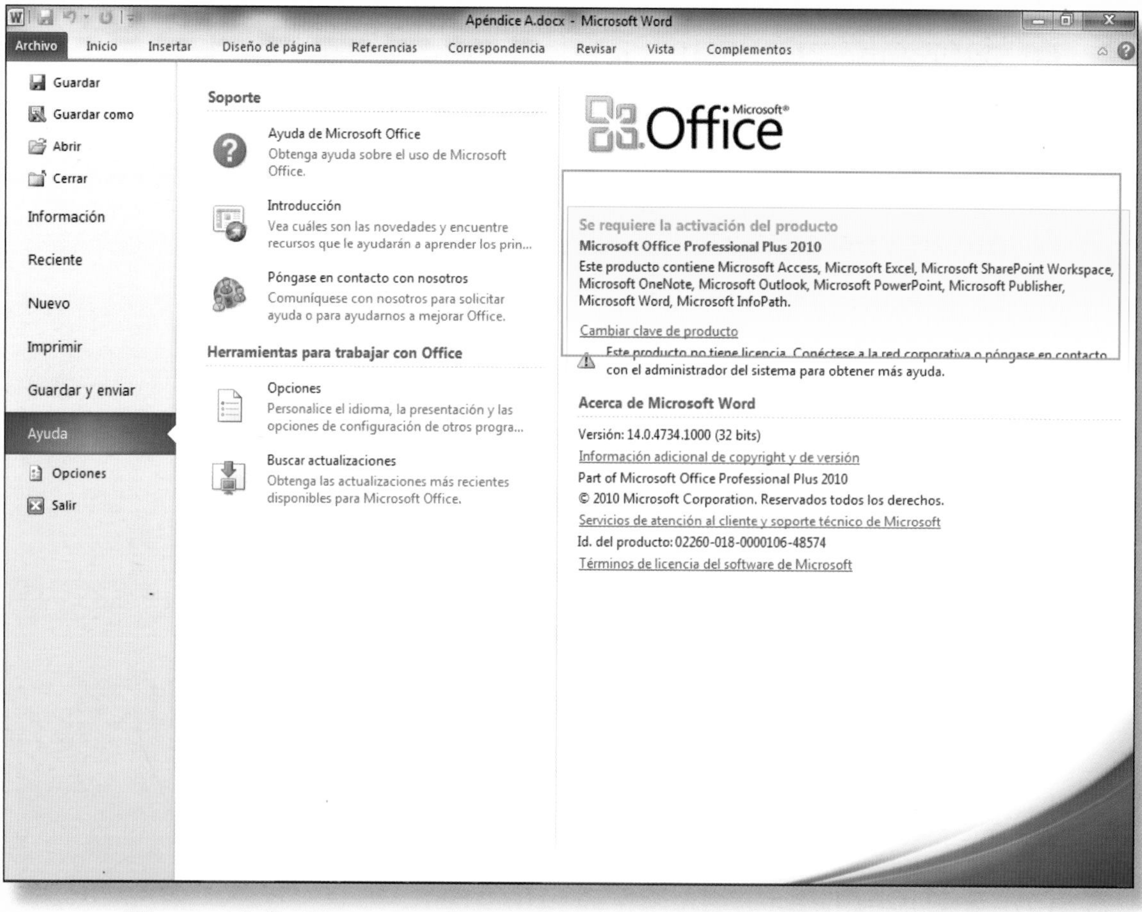

Figura 1.2. Si es preciso activarlo, la opción Ayuda muestra un mensaje en rojo y un enlace para escribir la clave.

Modificar la instalación o desinstalar Office

Después de instalar Office 2010 es posible añadir o quitar funciones o programas, reparar la instalación o desinstalar el programa.

PRÁCTICA:

Para modificar la instalación de Office 2010, hay que hacer lo siguiente:

1. Haga clic en Iniciar>Panel de control.
2. Seleccione Programas>Programas y características.
3. Haga clic con el botón derecho del ratón en Microsoft Office 2010 y seleccione la opción Cambiar en el menú contextual.
4. El cuadro de diálogo que aparece ofrece cuatro opciones:
   - Agregar o quitar funciones. Es la opción predeterminada. Haga clic en **Continuar** para añadir un programa no instalado o quitar una función que no utilice. En la pestaña Opciones de instalación, seleccione el programa o función a modificar.

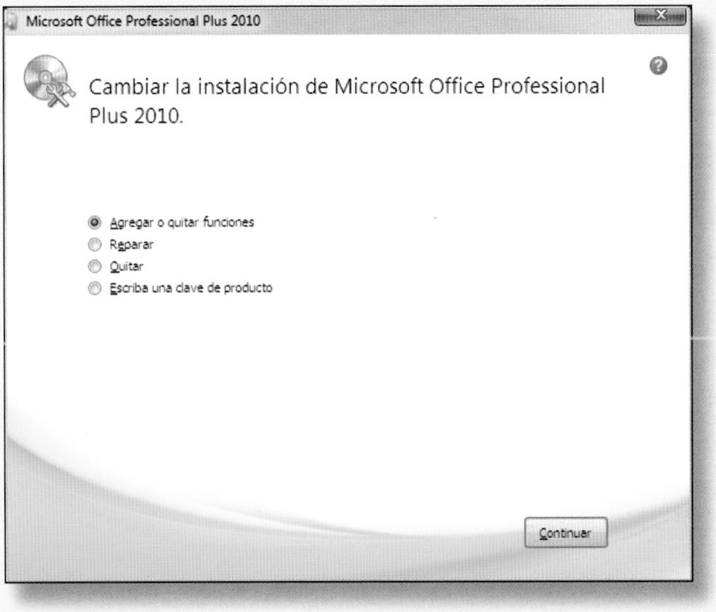

Figura 1.3. El cuadro de diálogo para cambiar la instalación ofrece varias opciones.

   - La opción Reparar es útil si observa irregularidades en el comportamiento del programa por haberse deteriorado algún componente.

- La opción Quitar desinstala Office completamente. Utilícela si tiene varias versiones de Office y quiere desinstalar una versión completa. Recuerde que se desinstalará la versión que haya seleccionado en el Panel de control, sobre la que haya hecho clic.
- La opción Escriba una clave de producto permite activar y registrar Office si aún no lo ha hecho.

Nota: Tenga en cuenta que los programas de instalación no se limitan a descomprimir y copiar los archivos en una carpeta del disco duro, sino que copian e instalan accesos, bibliotecas y rutinas en diversos lugares del equipo. Por tanto, es muy importante no eliminar un programa borrándolo o borrando la carpeta, sino que se debe utilizar el programa de desinstalación, si lo tiene. Si no tiene programa de desinstalación, hay que emplear el cuadro de diálogo Programas y características del Panel de control de Windows, seleccionar la aplicación y hacer clic en la opción Cambiar o Desinstalar.

ABRIR Y CERRAR WORD 2010

PRÁCTICA:

Para poner en marcha Word 2010, hay que hacer lo siguiente:

1. Haga clic en el botón **Iniciar** de Windows y seleccione Todos los programas.
2. Haga clic en Microsoft Office para desplegar los programas de la suite.

3. Haga clic en Microsoft Word 2010.

Para salir de Word 2010, hay que hacer lo siguiente:

1. Haga clic en la pestaña Archivo, situada en la esquina superior izquierda de la ventana .

2. Cuando se despliegue la ventana, haga clic en la opción Salir. Es la última de la lista de la izquierda.

Nota: También puede cerrar Word haciendo clic en el botón **Cerrar** que tiene forma de aspa, situado en la esquina superior derecha de la ventana. Si tiene abiertas varias ventanas, solamente se cerrará la ventana activa. Para cerrarlas todas, haga clic con el botón derecho del ratón en el icono de Word 2010 en la barra de tareas de Windows y seleccione Cerrar todas las ventanas en el menú contextual.

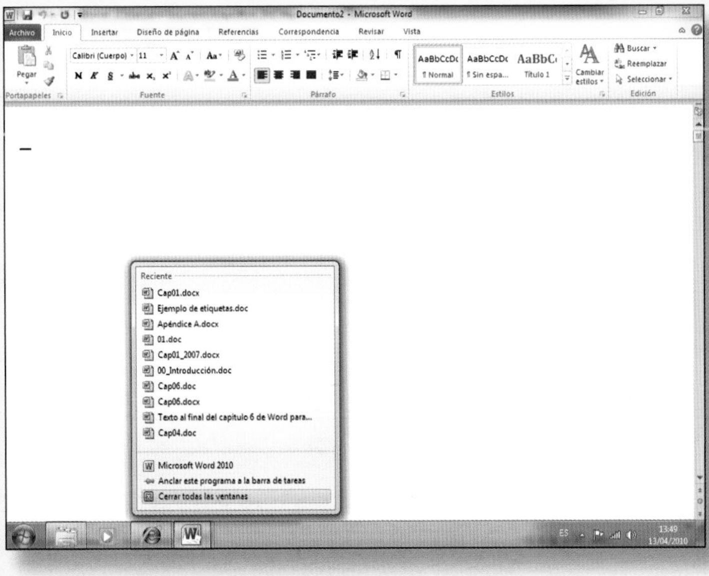

Figura 1.4. El menú contextual del icono de Word 2010 en la barra de tareas.

LA VENTANA DE WORD 2010

La ventana de Word 2010 tiene los elementos que muestra la figura 1.5.

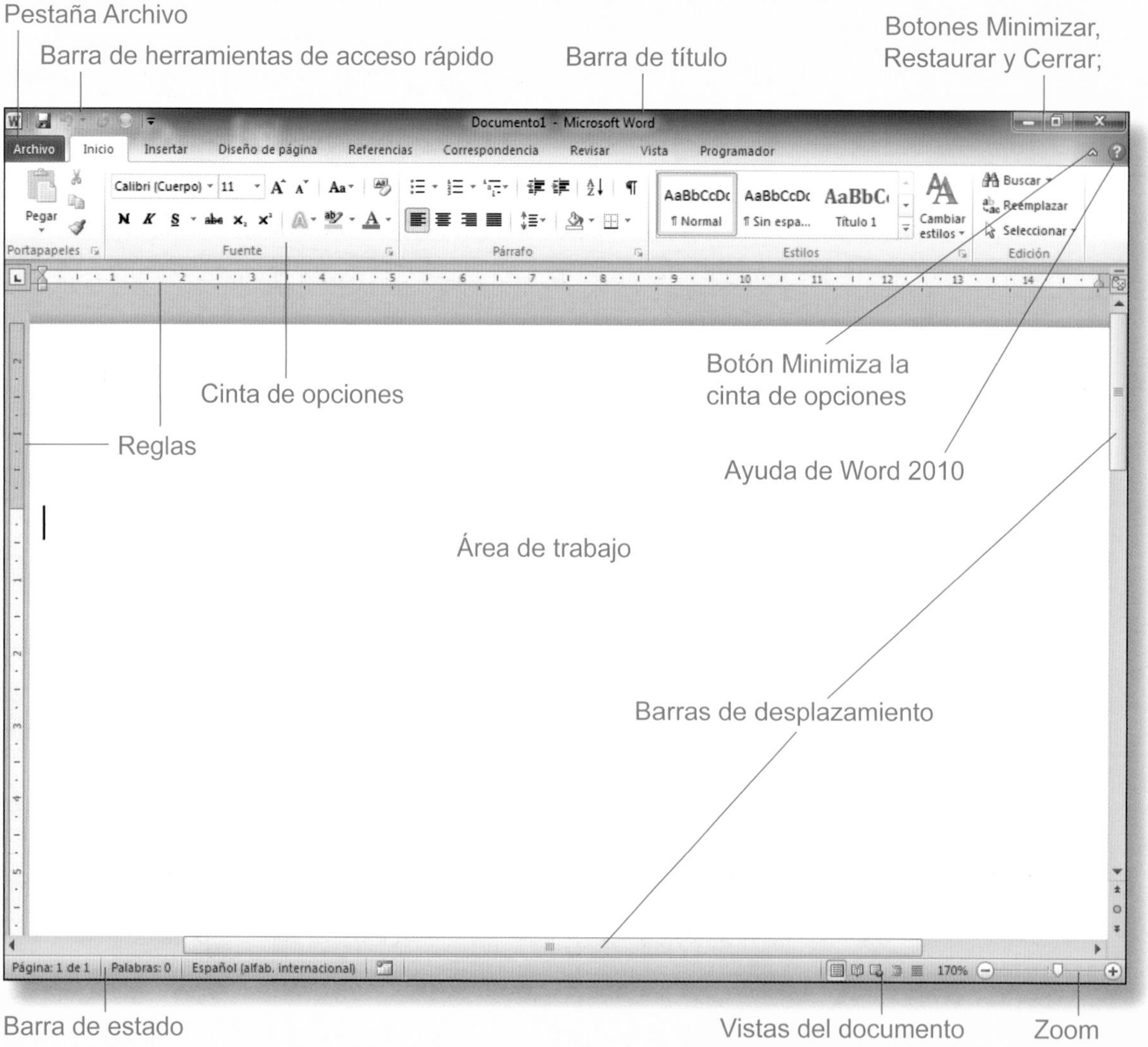

Figura 1.5. La ventana de Word 2010.

Los elementos de la ventana de Word 2010

La ventana de Word 2010 tiene los elementos que se muestran a continuación:

- La zona central en blanco, llamada área de trabajo, donde se inserta el texto.
- La barra de título situada en la parte superior, indicando el título del documento. Observe que en la figura 1.5 se llama *Documento1*. Es el nombre que Word le da hasta que el usuario lo guarda y le da un nombre adecuado.
- Los botones **Minimizar**, **Restaurar** y **Cerrar**, situados en el extremo derecho de la barra de título, similares a los de todas las ventanas de Windows.
    - **Minimizar** convierte el programa en un botón de la barra de tareas de Windows que se despliega de nuevo haciendo clic en él.
    - **Restaurar** amplía la ventana extendiéndola a toda la pantalla.
    - **Cerrar** cierra la ventana.
- Las barras de desplazamiento. Sirven para desplazarse en el documento hacia abajo o hacia la derecha, cuando éste es muy grande y no cabe completo en la ventana.

PRÁCTICA:

Pruebe a hacer clic en la barra de desplazamiento vertical y arrastrar el ratón hacia abajo sin dejar de oprimirlo. Después, pruebe a hacer clic en la barra de desplazamiento horizontal y arrastrar a derecha e izquierda para ver cómo se mueve la pantalla.

La cinta de opciones

La cinta de opciones está situada encima del área de trabajo, inmediatamente debajo de la barra de título. Se compone de diversos elementos y permite acceder a numerosas herramientas que vemos a continuación.

La cinta de opciones se puede esconder para ampliar el área de trabajo. Para ello, solamente hay que hacer clic en el botón **Minimiza la cinta de opciones**, situado junto al botón **Ayuda**. Con ello, únicamente se ven las pestañas de las fichas.

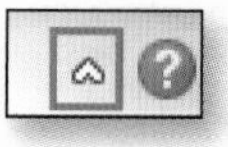

Para visualizarla completa de nuevo, hay que hacer clic en el mismo botón.

- Las fichas. Cada ficha está dedicada a una tarea y contiene grupos de comandos o botones reunidos de forma lógica. En la figura 1.5 puede verse el nombre de las fichas: Inicio, Insertar, Diseño de página, Referencias, Correspondencia, Revisar y Vista. De forma predeterminada, la ficha activa es Inicio. Para pasar a cualquier otra ficha basta hacer clic en la pestaña correspondiente.

PRÁCTICA:

Pruebe a hacer clic en el nombre de las diferentes fichas de la cinta de opciones para poder verlas de forma completa.

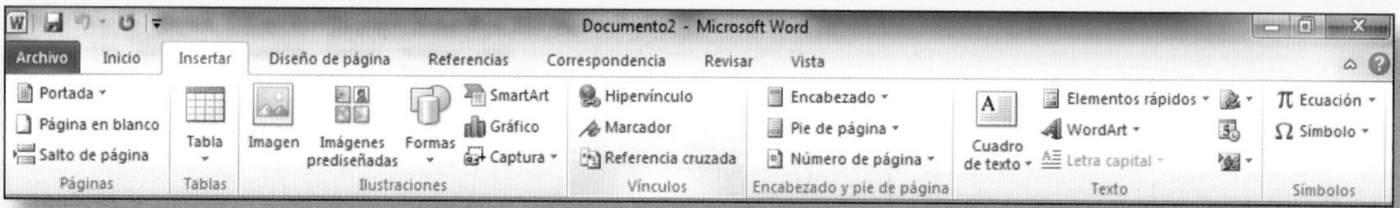

Figura 1.6. La ficha Insertar puede verse completa haciendo clic en la pestaña de su nombre.

- Grupos. Cada grupo está diferenciado de los demás con un recuadro. En la ficha Inicio, por ejemplo, se distinguen 5 grupos diferentes: Portapapeles, Fuente, Párrafo, Estilos y Edición.

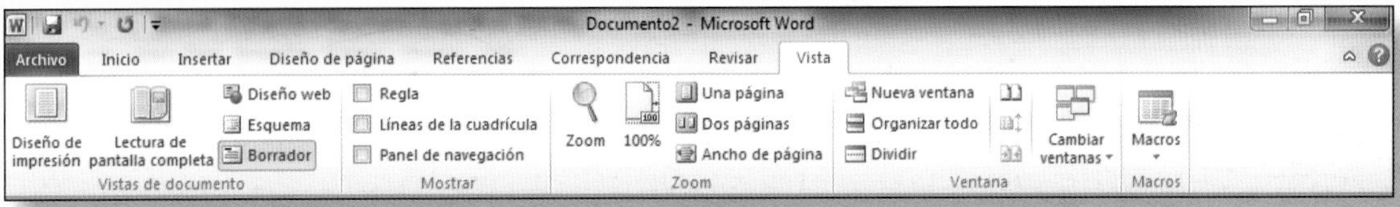

Figura 1.7. El grupo Ventana de la ficha Vista se distingue por el recuadro que lo enmarca.

- Comandos, herramientas y funciones. El grupo Portapapeles de la ficha Inicio, que es el primero por la izquierda, muestra los comandos Pegar y Portapapeles, así como tres botones correspondientes a otras tantas herramientas: Cortar, Copiar y Pegar formato.

PRÁCTICA:

Haga clic en la ficha Inicio si no está visible. Haga clic en algunos comandos para observar los resultados.

Para conocer la función de un botón o comando, aproxime el cursor sin hacer clic y espere unos segundos. Enseguida aparecerá la información de herramientas. Pruebe a acercar el cursor a diversos botones para ver el resultado.

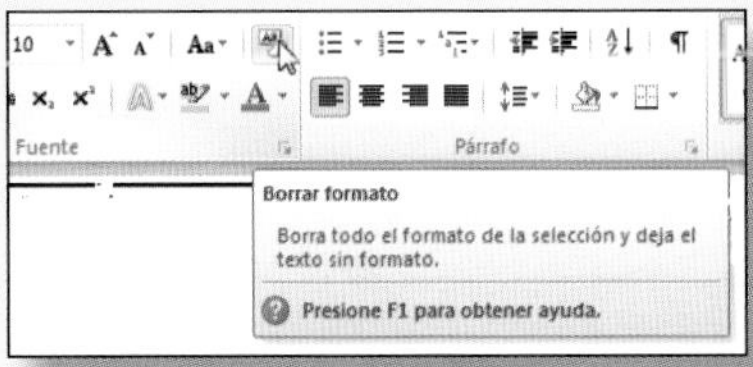

Figura 1.8. Al aproximar el ratón, aparece la información de herramientas.

- Menús desplegables. Al hacer clic en algunos de los botones o comandos contenidos en las distintas fichas, se despliega un menú con diversas opciones. Por ejemplo, el comando Guiones de la ficha Diseño de página despliega un menú cuando se hace clic en él.

PRÁCTICA:

Haga clic en la ficha Diseño de página si no está visible. Observe el grupo Configurar página. Haga clic en el comando Guiones para ver el menú que se despliega.

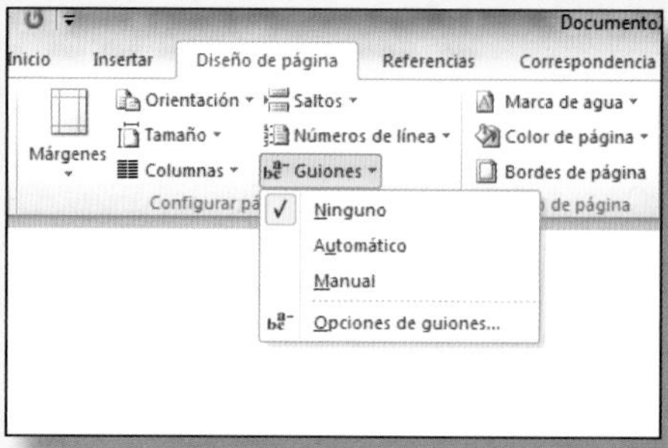

Figura 1.9. El comando Guiones de la ficha Diseño de página despliega un menú cuando se hace clic en él.

- Cuadros de diálogo. Son ventanas que permiten seleccionar distintas acciones. El extremo inferior derecho de algunos de los grupos que componen cada ficha lleva incorporado un botón **Iniciador de cuadro de diálogo**, que despliega el cuadro correspondiente.

PRÁCTICA:

Pruebe a acercar el cursor al botón **Iniciador de cuadro de diálogo** del grupo Fuente de la ficha Inicio para ver la información. Es el pequeño cuadro con una flecha que se ve en el extremo inferior derecho del grupo.

A continuación, haga clic en el mismo lugar para desplegar el cuadro de diálogo. Puede cerrar el cuadro de diálogo Fuente haciendo clic en el botón **Cerrar**, el que tiene forma de aspa en el extremo superior derecho.

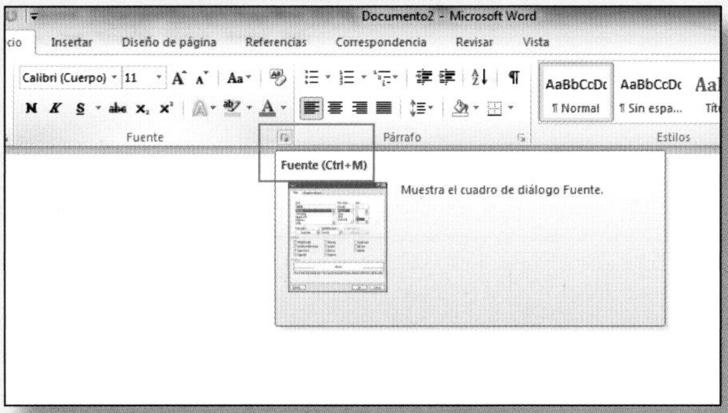

Figura 1.10. Algunos grupos de comandos llevan un botón que inicia el cuadro de diálogo correspondiente. Al acercarle el ratón aparece la información. Al hacer clic, se despliega el cuadro de diálogo.

PRÁCTICA:

Pruebe a abrir el cuadro de diálogo Configurar página, haciendo clic en la ficha Diseño de página y a continuación en el botón **Iniciador de cuadro de diálogo** del grupo Configurar página.

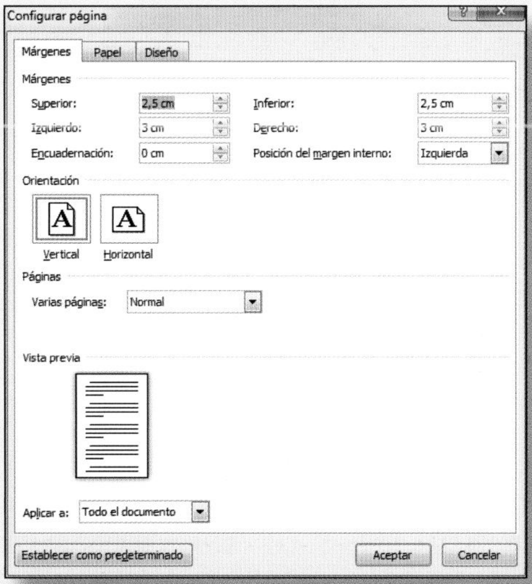

Figura 1.11. El cuadro de diálogo Configurar página ofrece numerosas opciones para ajustar la página del documento.

- Paneles de tareas. Los paneles de tareas se acoplan al lado derecho de la ventana del documento. Contienen opciones similares a los de los cuadros de diálogo que se despliegan en un lugar de la pantalla, con la diferencia de que los paneles de tareas pueden permanecer abiertos todo el tiempo sin interrumpir la visión del documento. Se cierran haciendo clic en el botón **Cerrar** con forma de aspa que aparece en la esquina superior derecha.

PRÁCTICA:

Pruebe a ver el panel de tareas Navegación:

1. En la ficha Inicio, haga clic en Buscar.
2. Observe que el panel de tareas Navegación se acopla a la ventana.
3. Puede cerrarlo haciendo clic en **Cerrar** con forma de aspa que aparece en la esquina superior derecha.

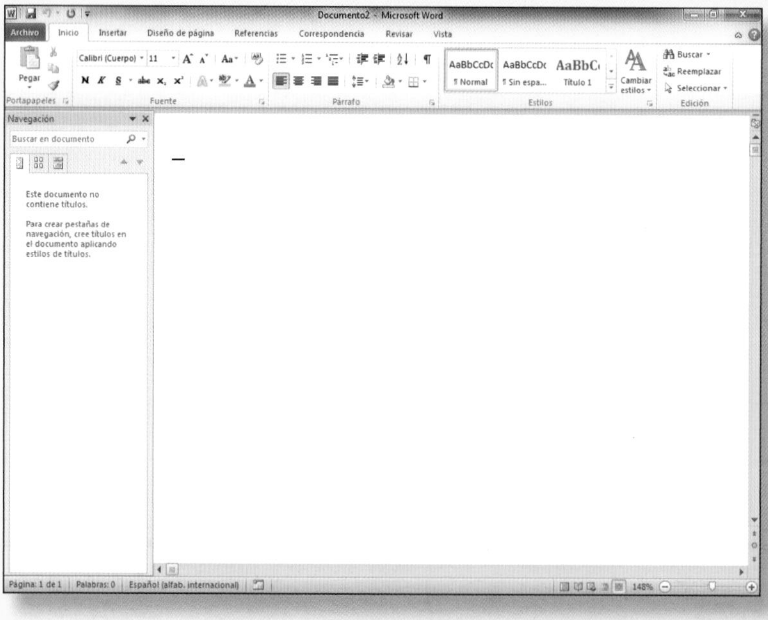

Figura 1.12. El panel de tareas Navegación.

Las reglas

Word 2010 cuenta con una regla horizontal y otra vertical, que sirven para situar los márgenes y las tabulaciones de la página de forma visual.

PRÁCTICA:

Pruebe a hacer aparecer y desaparecer las reglas haciendo clic en el botón **Reglas** situado en la esquina superior izquierda del área de trabajo.

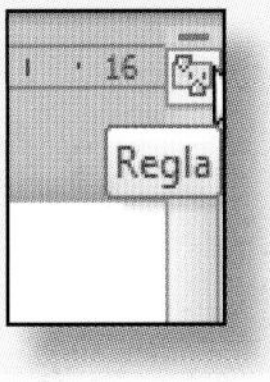

Nota: La regla vertical únicamente puede verse en vista Diseño de impresión. En vista Borrador solamente aparece la regla horizontal.

La barra de herramientas de acceso rápido

La barra de herramientas de acceso rápido está situada en la parte superior izquierda de la ventana. Contiene botones que facilitan el acceso directo a algunas funciones, como Guardar o Deshacer. Pero es posible añadir otras funciones y comandos que se utilicen con frecuencia.

PRÁCTICA:

Pruebe a agregar un comando a la barra de herramientas de acceso rápido.

1. Haga clic en el botón **Personalizar barra de herramientas de acceso rápido**, para desplegar el menú. Está situado en el extremo derecho de la barra y muestra una pequeña flecha abajo.
2. Seleccione en el menú el comando o comandos que le parezcan más interesantes. Por ejemplo, Nuevo le permitirá abrir un nuevo documento con un solo clic. Impresión rápida le permitirá imprimir un documento con un solo clic, utilizando los parámetros de impresión que haya configurado anteriormente. (Figura 1.14).
3. Para eliminar un comando de la barra, haga clic en él con el botón derecho del ratón y seleccione Eliminar de la barra de herramientas de acceso rápido en el menú contextual. Siempre podrá agregarlo de nuevo.
4. Si lo desea, puede agregar cualquier botón o comando de la cinta de opciones a la barra de herramientas de acceso rápido. Haga clic con el botón derecho sobre el comando y seleccione Agregar a la barra de herramientas de acceso rápido en el menú.

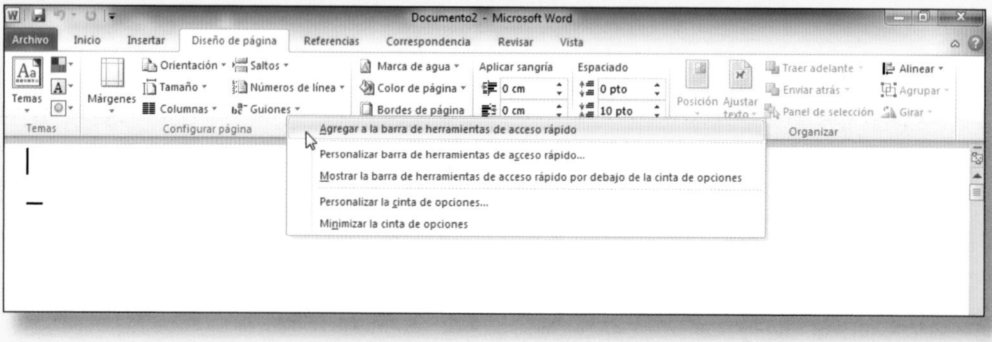

Figura 1.13. El menú contextual permite agregar comandos de la cinta de opciones a la barra de herramientas de acceso rápido.

Si aproxima el ratón a las opciones del menú desplegado de la barra de herramientas de acceso rápido, podrá comprobar que si un comando está desactivado, la información de herramientas indica "Agregar a la barra de herramientas de acceso rápido", mientras que si lo aproxima a un comando activado, la información indicará "Eliminar de la barra de herramientas de acceso rápido".

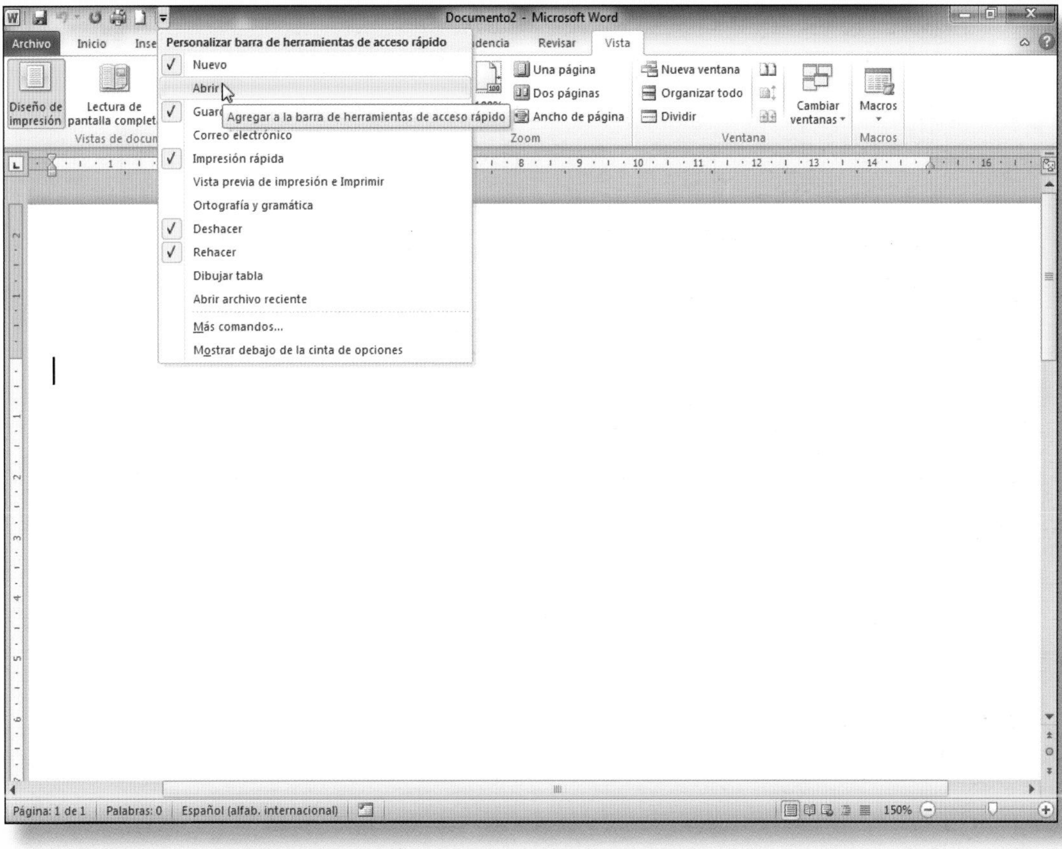

Figura 1.14. El menú desplegable permite agregar o quitar comandos de la barra de herramientas de acceso rápido.

La vista Backstage

Word 2010 trae una función novedosa, la vista Backstage. Se accede a ella haciendo clic en la pestaña Archivo, a la izquierda de la cinta de opciones. Se cierra haciendo clic igualmente en la pestaña Archivo (o en otra pestaña) con lo cual se vuelve al documento activo. La vista Backstage tiene varias fichas, a las que se accede haciendo clic en las opciones de igual nombre:

- Guardar y Guardar como. Se emplean para guardar los documentos.
- Abrir y Cerrar. Se emplean para abrir y cerrar documentos.
- Información. Muestra toda la información disponible sobre el documento activo. A la derecha de la ventana aparecen las propiedades del documento, con el tamaño, autor o autores, páginas, etc.
- Reciente. Muestra todos los documentos y carpetas con los que se ha trabajado más recientemente. Eso permite abrir cualquiera de ellos con un simple clic.
- Nuevo. Da acceso a la ventana para crear un nuevo documento y utilizar las plantillas disponibles.
- Imprimir. Muestra una vista del documento tal y como se imprimirá. Ofrece opciones para modificar márgenes, orientación, número de copias, impresora a emplear, etc.
- Guardar y enviar. Permite enviar el archivo por correo electrónico o guardarlo en el espacio personal de Windows Live en Internet.
- Ayuda. Ofrece ayuda, actualizaciones, contacto con Microsoft y la opción para activar el producto.
- Opciones. Abre el cuadro de diálogo Opciones de Word con diversas fichas para personalizar el programa.
- Salir. Cierra Word.

PRÁCTICA:

Pruebe a hacer clic en las distintas opciones de la vista Backstage. Vea las fichas y examine el cuadro de diálogo Opciones de Word. Utilizaremos las más importantes a lo largo del libro.

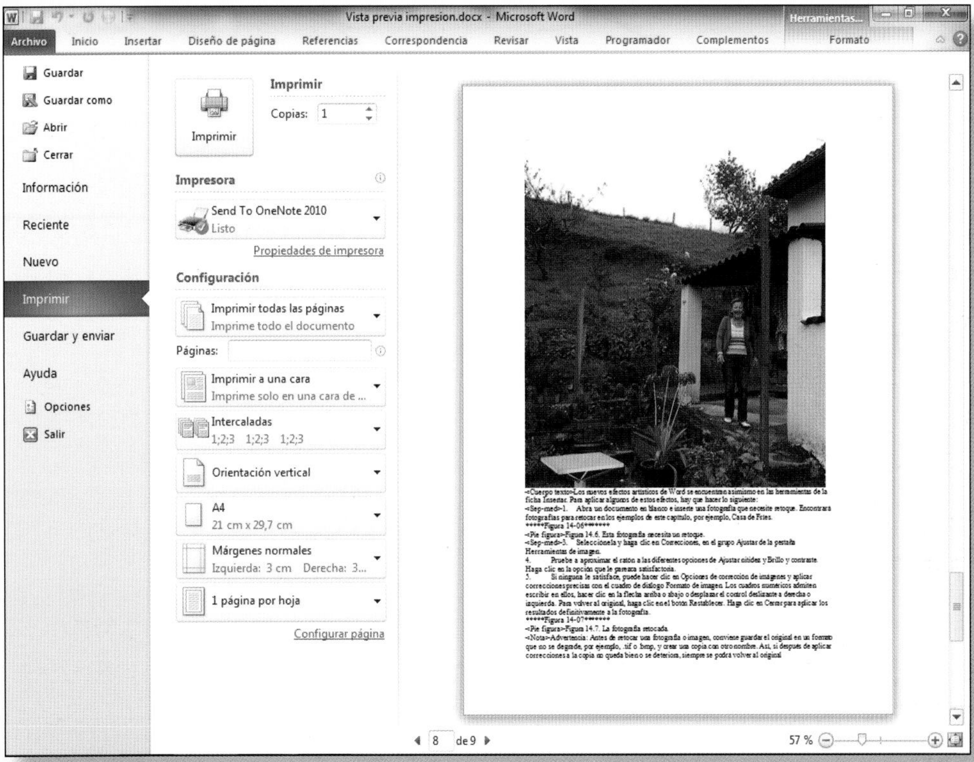

Figura 1.15. La opción Impresión de la vista Backstage muestra una vista preliminar del documento a imprimir.

La Ayuda de Word 2010

Además de la opción Ayuda de la vista Backstage, encontrará la Ayuda en un botón con una interrogación que se encuentra en la esquina superior derecha de la cinta de opciones, bajo los tres botones. Al hacer clic en él, se despliega un cuadro con explicaciones detalladas de los distintos procesos y tareas.

PRÁCTICA:

Pruebe la Ayuda de Word 2010 haciendo clic en el icono marcado con una interrogación. Cuando se despliegue el cuadro de diálogo, haga clic en los temas para verlos.

La barra de estado

La barra de estado de Word 2010 se halla en el extremo inferior de la pantalla. Se compone de varios elementos:

- Número de página del documento. Aparece en el extremo izquierdo de la barra.
- Número de palabras del documento. Aparece a continuación. Realiza el recuento de palabras que incluye el texto.
- Idioma. Indica el idioma que se utiliza para escribir.
- Vistas del documento. Contiene botones para visualizar el documento en modo Diseño de impresión, Lectura de pantalla completa, Diseño Web, Esquema y Borrador.
- Nivel de zoom. Indica el porcentaje de ampliación del documento.
- Zoom. Contiene un control deslizante que se puede mover a derecha o izquierda para ampliar o reducir el documento.

PRÁCTICA:

Pruebe a hacer clic en el control deslizante del zoom y arrástrelo a la derecha y a la izquierda para comprobar el resultado. 

La barra de estado tiene un menú contextual que se despliega al hacer clic en ella con el botón derecho del ratón. Este menú permite activar y desactivar opciones haciendo clic en ellas.

PRÁCTICA:

Pruebe a desactivar y activar una función:

1. Haga clic con el botón derecho en la barra de estado.

2. Haga clic en la opción Zoom para desactivarlo. Verá que desaparece de la barra de estado.
3. Haga clic en la misma opción para volver a activarla.
4. Haga clic en otra opción, por ejemplo, Idioma.

Otros elementos de Word

Además de los elementos que hemos visto, Word ofrece menús contextuales y una paleta especial de formato.

Los menús contextuales son menús que se despliegan al hacer clic con el botón derecho del ratón en un lugar determinado del documento. Se llaman contextuales porque ofrecen opciones relativas al contexto en el que aparecen. Como ejemplo, hemos visto el menú contextual de la barra de estado y el de los comandos de la cinta.

Para visualizar el menú contextual del documento y acceder a la paleta de formato, simplemente hay que hacer clic con el botón derecho del ratón en cualquier lugar del área de trabajo.

- El menú contextual y la paleta se cierran al hacer clic fuera de ellos.
- El menú contextual contiene algunas de las opciones de la ficha Inicio, como Copiar, Párrafo o Buscar, más opciones de otras fichas, como la opción Traducir que hemos visto en la ficha Revisar.

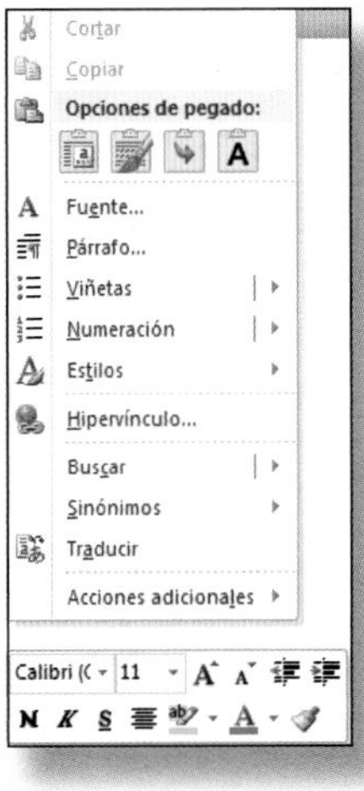

- La paleta de formato, aparece junto con el menú contextual al hacer clic con el botón derecho en el área de trabajo. Ofrece opciones para aplicar formato al texto similares a las que se encuentran en la ficha Inicio, como Color de fuente, Alinear o Viñetas.

2

Escriba con Word 2010

Word 2010 ofrece numerosas herramientas para escribir y modificar texto. Todas ellas son muy útiles y fáciles de manejar.

LAS TECLAS

Para escribir con Word 2010 hay que utilizar las teclas alfabéticas y numéricas del teclado del ordenador. Pero hay otras teclas que conviene tener en cuenta:

Tabla 2.1. Las teclas que utiliza Word.

Tecla	Lo que hace
	La tecla **Tab** inserta una tabulación.
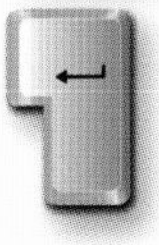	La tecla **Intro** inserta un punto y aparte, una línea en blanco.
	La tecla **Mayús** escribe con mayúsculas mientras está pulsada.
	La tecla **Bloq Mayús** mantiene fijas las mayúsculas.
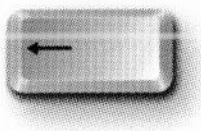	La tecla **Retroceso** retrocede un espacio y borra un carácter hacia atrás.
	La tecla **Supr** borra un carácter hacia adelante o borra un texto u objeto seleccionado.
	La **Barra espaciadora** inserta un espacio en blanco a cada pulsación.

INSERTAR TEXTO

Ante todo, hay que distinguir el punto de inserción del cursor y de la marca de final del documento.

- El punto de inserción es una barra vertical que parpadea en el área de trabajo de Word. Es el lugar preciso en el que se va a insertar el texto que escriba. Si utiliza un comando o una herramienta, se aplicará exactamente al lugar en el que se encuentre el punto de inserción. Por ello, antes de actuar, es preciso hacer clic para situar el punto de inserción en el lugar deseado.

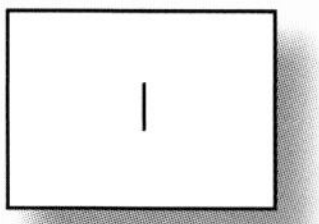

- El cursor es el puntero del ratón que se desplaza al mover el ratón. En Word, el cursor tiene forma de I mayúscula cuando se encuentra en el área de trabajo.

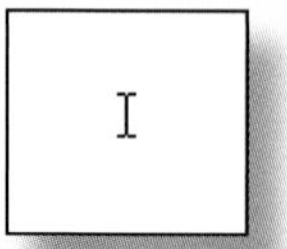

- Si el documento está en vista Diseño de impresión, la I mayúscula puede llevar adherido un símbolo que indica la alineación del texto o la sangría.

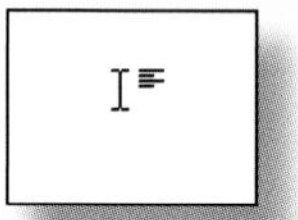

- El puntero del ratón tiene forma de flecha cuando apunta a una ficha, a una herramienta o a un comando.

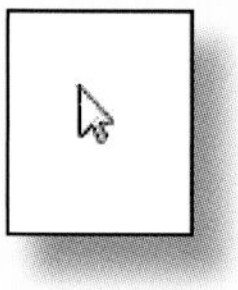

- La marca de final de documento es una línea horizontal que señala el lugar en el que termina el documento, con independencia de que haya texto o no. Esta marca solamente aparece cuando el documento está en vista Borrador.

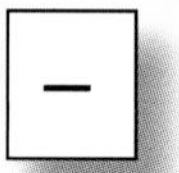

PRÁCTICA:

Pruebe a insertar texto y a practicar con los elementos que acabamos de ver:

1. Ponga Word en marcha haciendo clic en el botón Inicio>Todos los programas>Microsoft Office>Microsoft Word 2010.

2. Word mostrará un documento en blanco. Observe el punto de inserción parpadeando en la parte superior izquierda del área de trabajo, invitando a escribir. También puede ver en la figura 2.1 el cursor en forma de I mayúscula con un símbolo que indica que el texto se alineará a la izquierda.

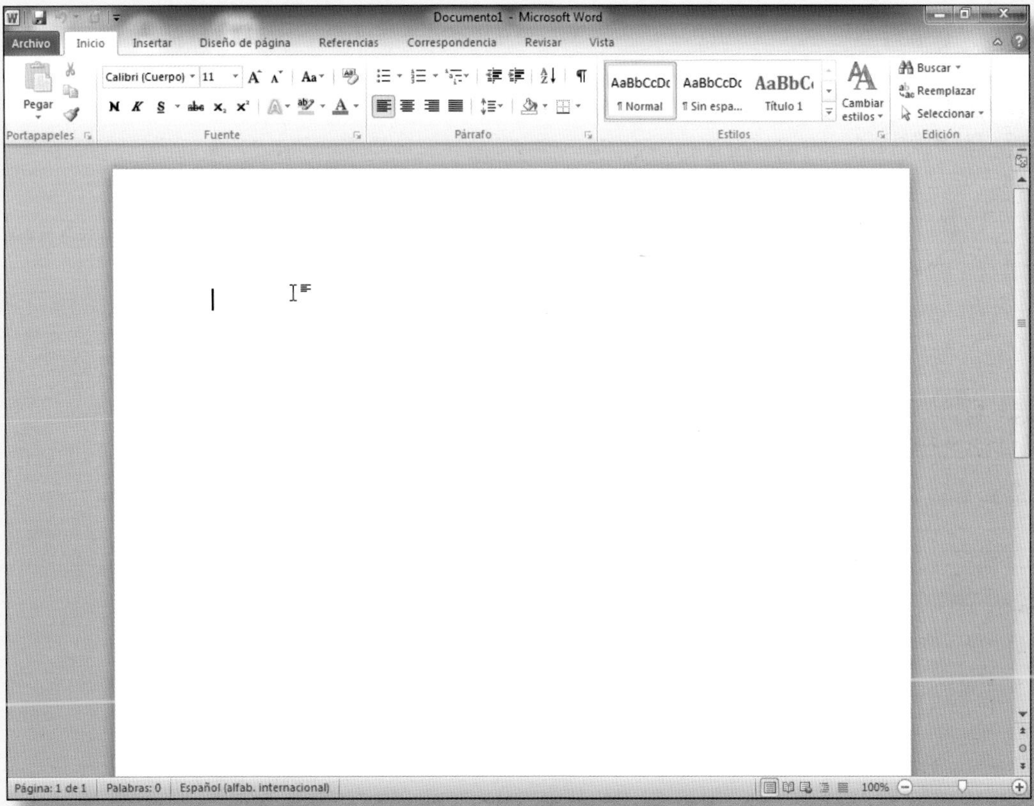

Figura 2.1. Al iniciarse, Word 2010 presenta un documento en blanco con el punto de inserción parpadeando.

3. Escriba el título que quiera dar a su escrito. Observe que el punto de inserción se desplaza a medida que escribe.
4. Pulse la tecla **Intro**. Observe que con ello se inserta un retorno de carro. Púlsela tantas veces como líneas en blanco quiera dejar entre el título y el texto.

5. Si desea insertar un salto de tabulación al principio del texto, pulse la tecla **Tab** antes de empezar a escribirlo.
6. Escriba el texto todo seguido, sin pulsar la tecla **Intro**. Observe que al llegar al final de la pantalla, la escritura pasa automáticamente a la línea siguiente. Pulse la tecla **Intro** sólo si precisa insertar un punto y aparte.

Escribir números

El teclado del ordenador tiene una fila de teclas numéricas (2) encima de las teclas alfabéticas (1), con las que puede escribir números. También puede utilizar el teclado numérico de la derecha (3), pulsando previamente la tecla **Bloq Num**.

Entre el teclado alfanumérico y el numérico, hay un grupo de teclas (4) que se utilizan para desplazarse en el documento.

Figura 2.2. El teclado.

Hacer clic y escribir

Word 2010 permite iniciar la escritura en cualquier lugar del documento, siempre que se trabaje en vista Diseño de impresión, que es el modo de ver predeterminado. Para empezar a escribir en un lugar cualquiera del documento, solamente hay que hacer doble clic en él y comenzar la escritura. El punto de inserción se desplazará a ese lugar.

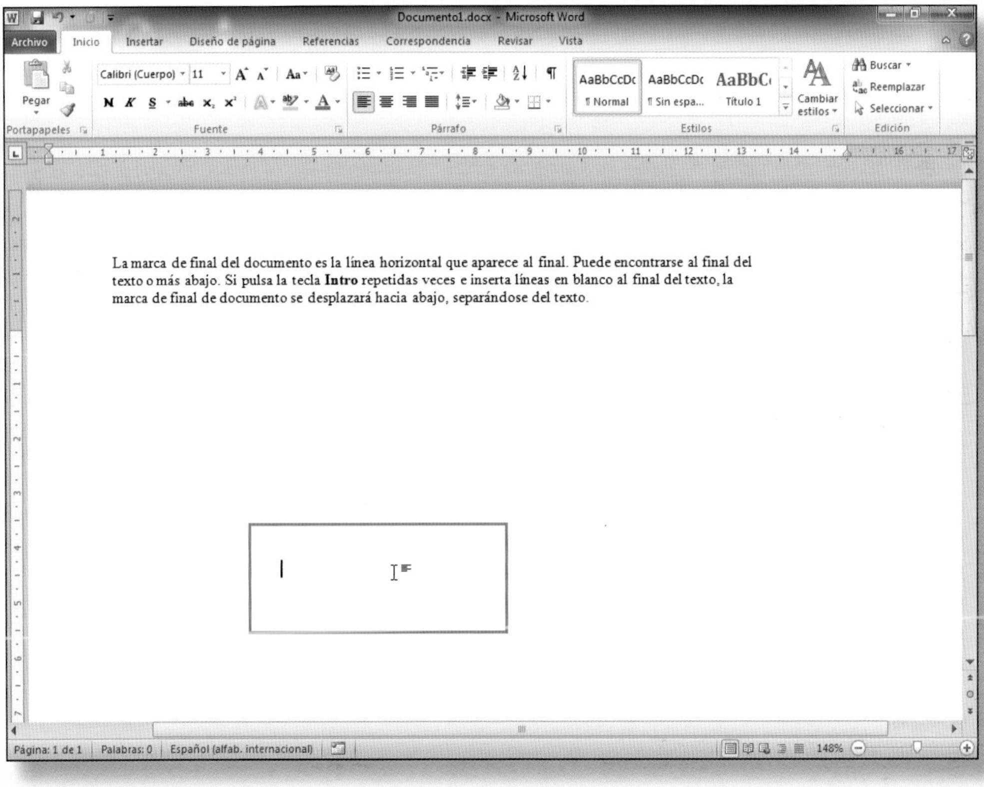

Figura 2.3. El punto de inserción se desplaza a cualquier lugar en blanco haciendo doble clic en él.

La vista del documento

La vista del documento se selecciona en la barra de estado, donde puede elegir el modo. Para cambiar de vista, sólo hay que hacer clic en el botón correspondiente.

- La vista Diseño de impresión muestra el documento completo, con saltos de página, números de página, ilustraciones, márgenes, etc., tal y como quedará al imprimirlo.

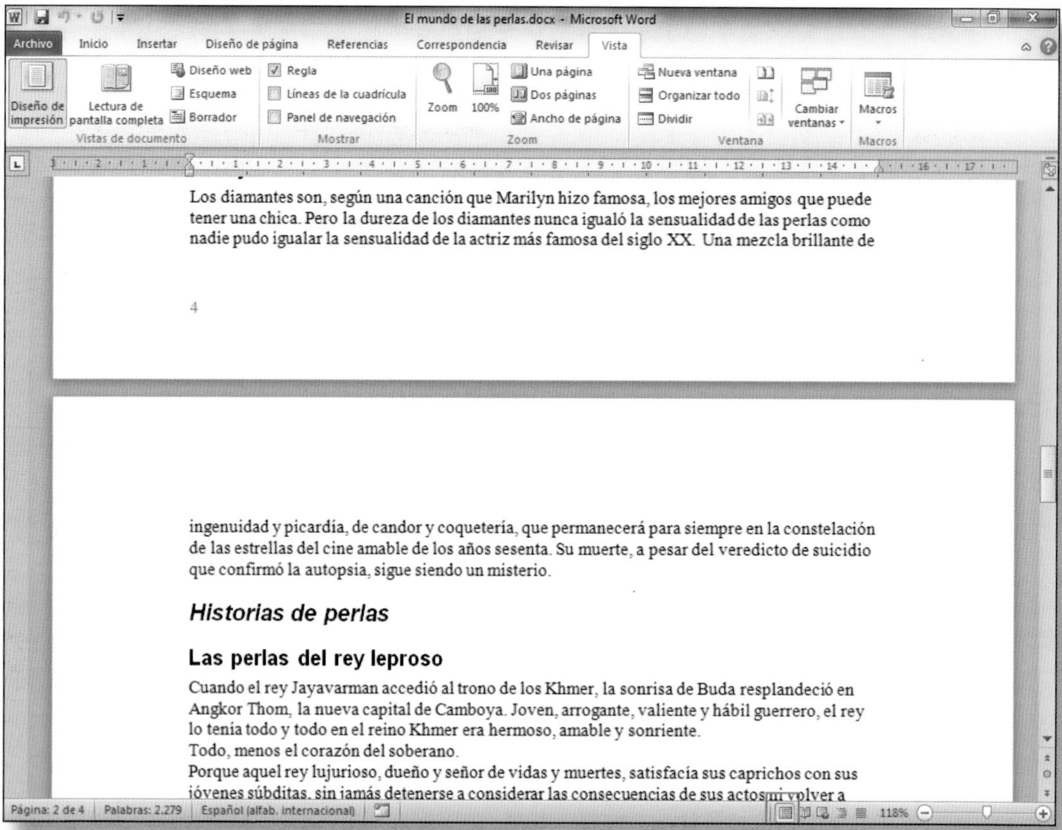

Figura 2.4. El texto en vista Diseño de impresión muestra los márgenes, los saltos de página y los números de página.

- La vista Lectura de pantalla completa permite visualizar el documento como un libro que se puede leer a doble página, pero no se puede escribir en él. Para pasar las páginas, hay que hacer clic en la flecha situada en la parte inferior. Observe el cursor en forma de mano en la figura 2.5.
- La vista Diseño Web se utiliza para crear páginas Web con Microsoft Word.
- La vista Esquema se emplea para esquematizar textos.

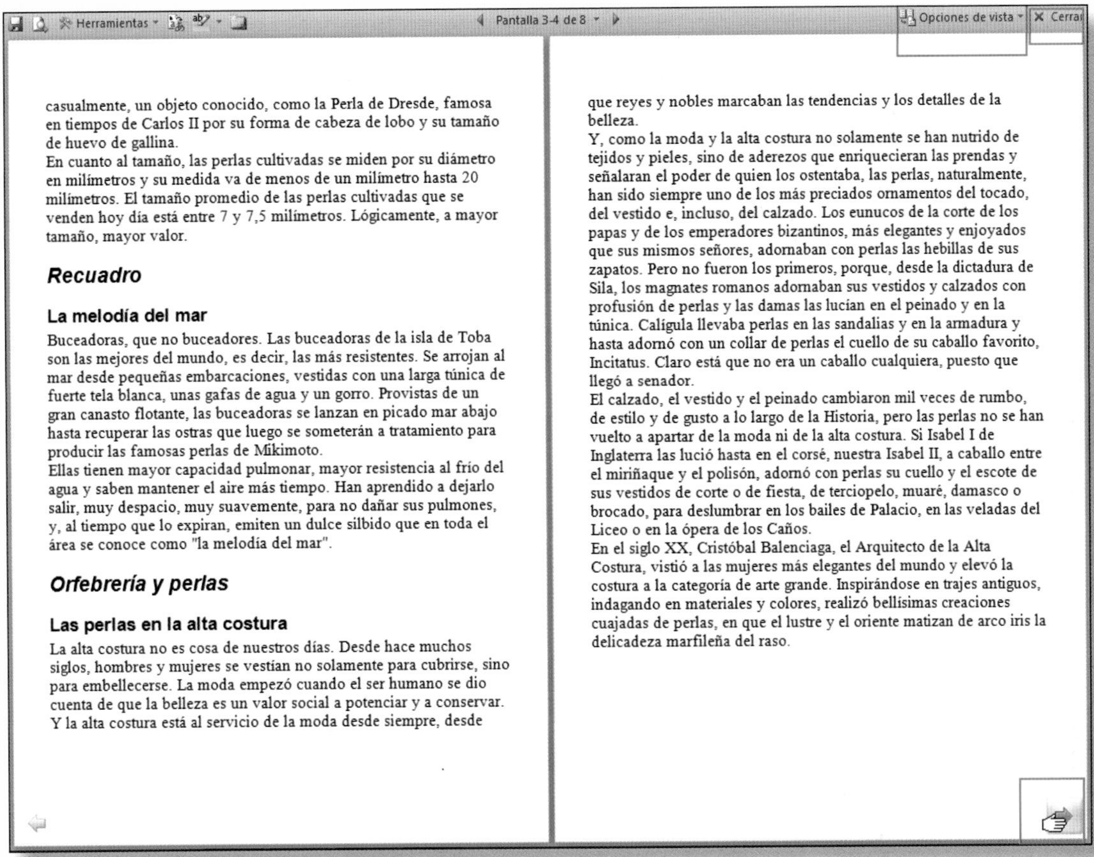

casualmente, un objeto conocido, como la Perla de Dresde, famosa en tiempos de Carlos II por su forma de cabeza de lobo y su tamaño de huevo de gallina.
En cuanto al tamaño, las perlas cultivadas se miden por su diámetro en milímetros y su medida va de menos de un milímetro hasta 20 milímetros. El tamaño promedio de las perlas cultivadas que se venden hoy día está entre 7 y 7,5 milímetros. Lógicamente, a mayor tamaño, mayor valor.

Recuadro

La melodía del mar

Buceadoras, que no buceadores. Las buceadoras de la isla de Toba son las mejores del mundo, es decir, las más resistentes. Se arrojan al mar desde pequeñas embarcaciones, vestidas con una larga túnica de fuerte tela blanca, unas gafas de agua y un gorro. Provistas de un gran canasto flotante, las buceadoras se lanzan en picado mar abajo hasta recuperar las ostras que luego se someterán a tratamiento para producir las famosas perlas de Mikimoto.
Ellas tienen mayor capacidad pulmonar, mayor resistencia al frío del agua y saben mantener el aire más tiempo. Han aprendido a dejarlo salir, muy despacio, muy suavemente, para no dañar sus pulmones, y, al tiempo que lo expiran, emiten un dulce silbido que en toda el área se conoce como "la melodía del mar".

Orfebrería y perlas

Las perlas en la alta costura

La alta costura no es cosa de nuestros días. Desde hace muchos siglos, hombres y mujeres se vestían no solamente para cubrirse, sino para embellecerse. La moda empezó cuando el ser humano se dio cuenta de que la belleza es un valor social a potenciar y a conservar. Y la alta costura está al servicio de la moda desde siempre, desde que reyes y nobles marcaban las tendencias y los detalles de la belleza.
Y, como la moda y la alta costura no solamente se han nutrido de tejidos y pieles, sino de aderezos que enriquecieran las prendas y señalaran el poder de quien los ostentaba, las perlas, naturalmente, han sido siempre uno de los más preciados ornamentos del tocado, del vestido e, incluso, del calzado. Los eunucos de la corte de los papas y de los emperadores bizantinos, más elegantes y enjoyados que sus mismos señores, adornaban con perlas las hebillas de sus zapatos. Pero no fueron los primeros, porque, desde la dictadura de Sila, los magnates romanos adornaban sus vestidos y calzados con profusión de perlas y las damas las lucían en el peinado y en la túnica. Calígula llevaba perlas en las sandalias y en la armadura y hasta adornó con un collar de perlas el cuello de su caballo favorito, Incitatus. Claro está que no era un caballo cualquiera, puesto que llegó a senador.
El calzado, el vestido y el peinado cambiaron mil veces de rumbo, de estilo y de gusto a lo largo de la Historia, pero las perlas no se han vuelto a apartar de la moda ni de la alta costura. Si Isabel I de Inglaterra las lució hasta en el corsé, nuestra Isabel II, a caballo entre el miriñaque y el polisón, adornó con perlas su cuello y el escote de sus vestidos de corte o de fiesta, de terciopelo, muaré, damasco o brocado, para deslumbrar en los bailes de Palacio, en las veladas del Liceo o en la ópera de los Caños.
En el siglo XX, Cristóbal Balenciaga, el Arquitecto de la Alta Costura, vistió a las mujeres más elegantes del mundo y elevó la costura a la categoría de arte grande. Inspirándose en trajes antiguos, indagando en materiales y colores, realizó bellísimas creaciones cuajadas de perlas, en que el lustre y el oriente matizan de arco iris la delicadeza marfileña del raso.

Figura 2.5. El texto en vista Lectura de pantalla completa aparece como un libro.

- La vista Borrador muestra el documento sin márgenes, números de página ni ilustraciones. Los saltos de página se ven como una línea continua. Es útil para trabajar con mayor rapidez y comodidad (figura 2.6).

PRÁCTICA:

Pruebe a cambiar la vista del documento haciendo clic en Borrador que es el último botón. Cambie después a vista Lectura de pantalla completa haciendo clic en el segundo botón por la izquierda.

1. Haga clic en la flecha abajo del botón **Opciones de vista**, situado en la parte superior de la ventana.
2. Observe el menú de opciones. En él puede seleccionar visualizar el documento con texto más grande o más pequeño, en una sola o en dos páginas o verlo en la forma en que se va a imprimir.
3. Para cerrar la vista Lectura de pantalla completa, haga clic en el botón en forma de aspa situado en la esquina superior derecha.
4. Haga clic en Borrador para visualizar el texto en una forma más cómoda para trabajar.

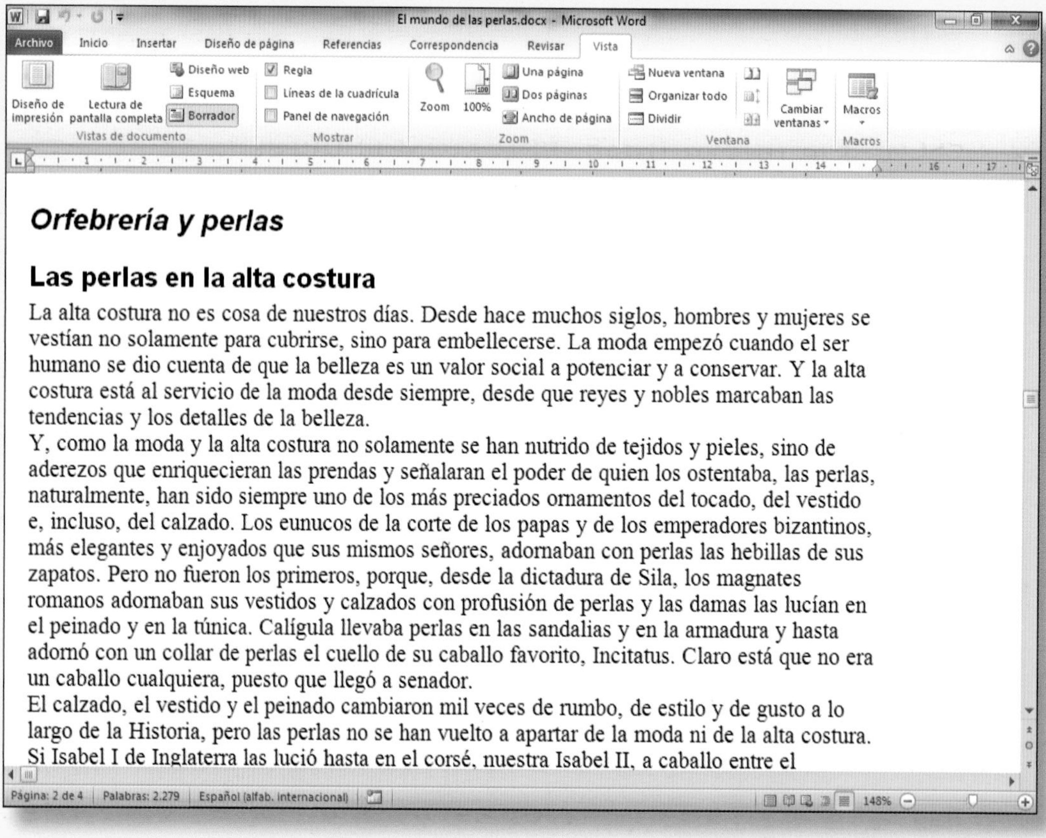

Figura 2.6. El texto en vista Borrador aparece plano y más fácil para trabajar.

El modo inserción

De forma predeterminada, Word trabaja en modo inserción, es decir, si escribe encima de un texto existente, éste no se borra, sino que el nuevo texto desplaza al antiguo. Eso facilita la corrección de errores y, sobre todo, ofrece la posibilidad de insertar nuevo texto en cualquier lugar de un texto existente sin borrarlo.

PRÁCTICA:

Pruebe a insertar una frase en medio de un texto:

1. Haga clic en el lugar del texto en el que quiera insertar la nueva frase.
2. Escriba la nueva frase. El texto a la derecha se desplazará para dejar espacio al nuevo.

Pruebe a insertar espacios en blanco en un texto:

1. Haga clic en el lugar del texto en el que quiera insertar el espacio o espacios en blanco.
2. Pulse la **Barra espaciadora**. El texto a la derecha se desplazará tantos espacios como pulsaciones.
3. Para insertar líneas en blanco, pulse la tecla **Intro** tantas veces como líneas desee.

Los caracteres ocultos

No todo el texto es visible. Word oculta los espacios en blanco, las marcas de fin de párrafo y otros caracteres existentes, que ocupan un lugar en el documento, pero que no deben visualizarse.

PRÁCTICA:

Pruebe a visualizar los caracteres ocultos del documento haciendo clic en el botón **Mostrar todo** del grupo Párrafo de la ficha Inicio. Eso le permitirá averiguar el motivo de que un texto se desplace o de que una palabra quede mal situada.

¶

Nota: Para dejar de ver los caracteres ocultos, haga clic de nuevo en el botón **Mostrar todo**.

En la parte superior de la figura 2.7, puede ver un texto algunas de cuyas palabras aparecen muy separadas. En la parte inferior de la misma figura aparece el mismo texto después de hacer clic en el botón **Mostrar todo**.

Así es posible comprobar los numerosos espacios en blanco insertados por error entre las palabras, probablemente por haber pulsado la **Barra espaciadora** sin advertirlo.

Marcas de párrafo

Observe asimismo las marcas de párrafo visibles en la parte inferior de la figura 2.7. Son similares al botón **Mostrar todo**. Word inserta una de esas marcas cada vez que usted pulsa la tecla **Intro** y distingue así los párrafos.

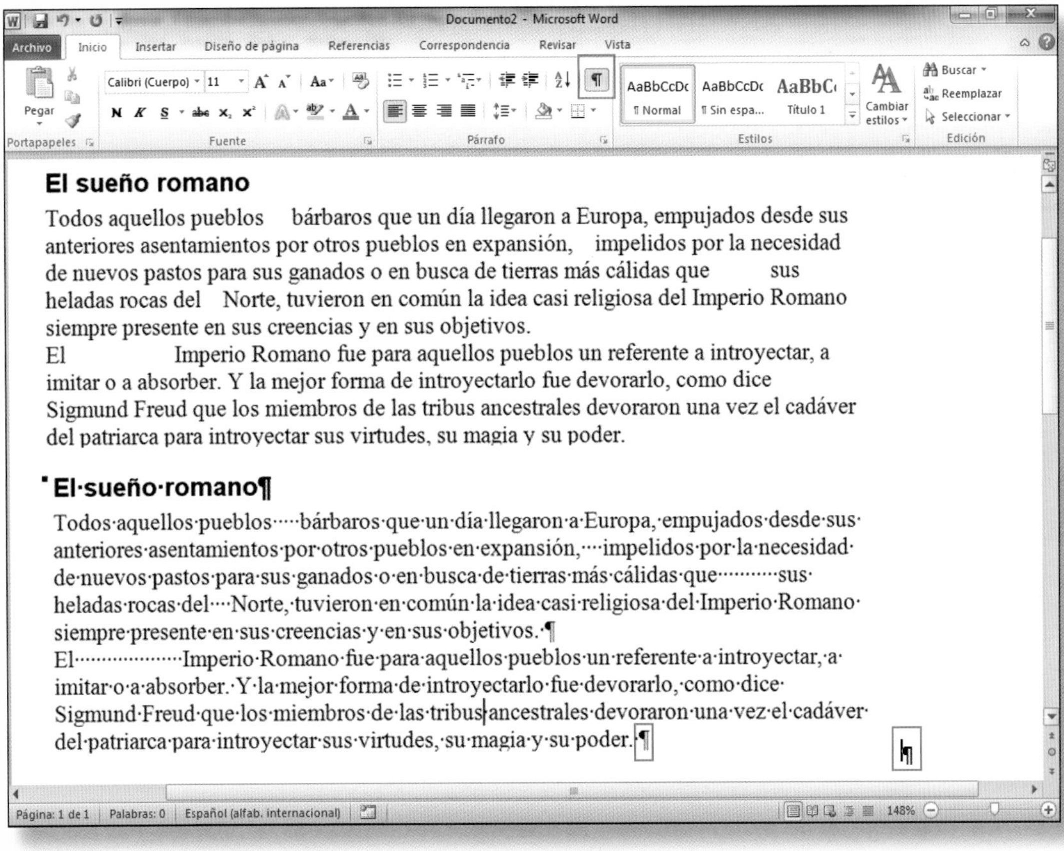

Figura 2.7. Los errores del texto se ven a veces pulsando el botón Mostrar todo.

DESPLAZAMIENTO EN EL TEXTO

Para desplazarse en el texto se puede utilizar el ratón o el teclado. Con el ratón, basta hacer clic en el lugar del texto al que quiera desplazarse. También se pueden mover las barras de desplazamiento de la ventana.

- Para desplazarse una línea arriba, hay que hacer clic en el botón de desplazamiento superior de la barra de desplazamiento vertical.
- Para desplazarse una línea abajo, hay que hacer clic en el botón de desplazamiento inferior de la barra de desplazamiento vertical.

Si el texto es más ancho que la ventana, aparece la barra de desplazamiento horizontal los botones de cuyos extremos permiten avanzar hacia la derecha o hacia la izquierda.

La figura 2.8 muestra los botones de desplazamiento de las barras vertical y horizontal. Si se hace clic en el botón central en lugar de en los botones de los extremos, se pueden mover arriba, abajo, a izquierda y a derecha tanto espacio como permita la extensión del documento.

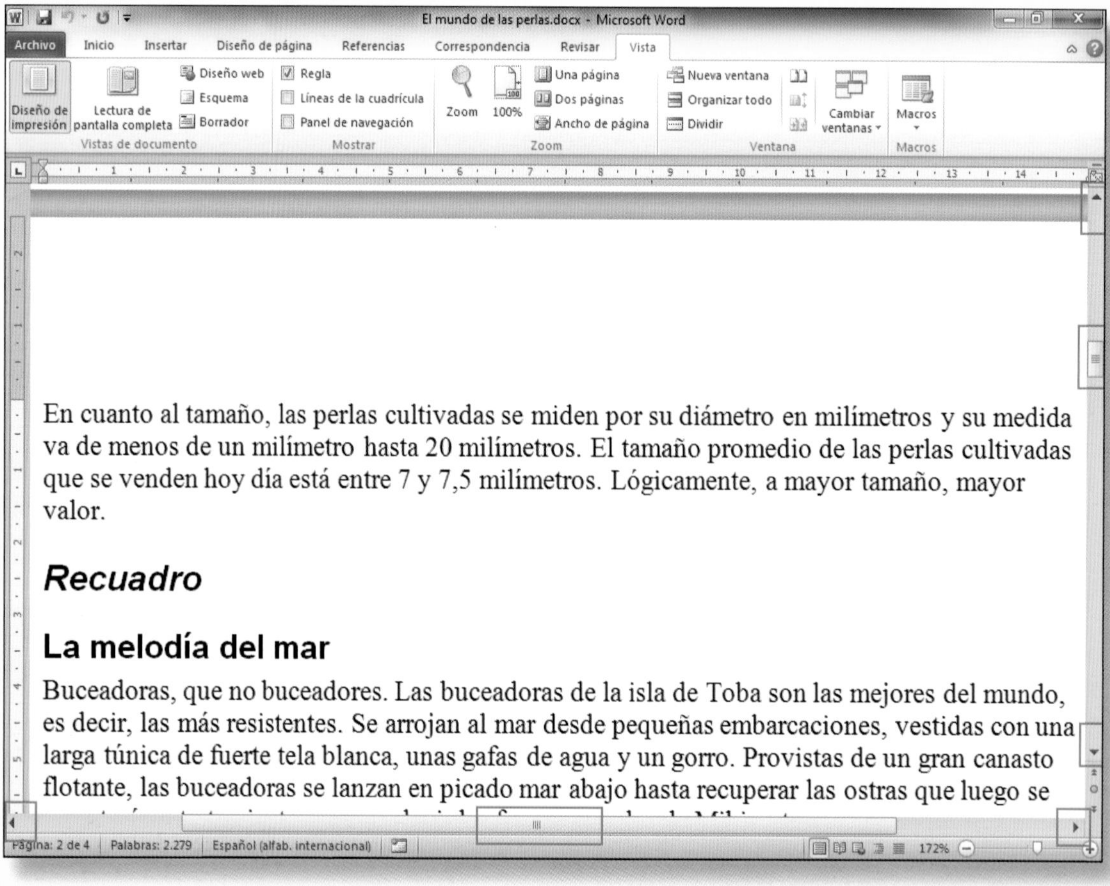

Figura 2.8. Los botones de desplazamiento.

Con el teclado, hay que utilizar las **Teclas del cursor**, tal y como vemos a continuación, en la tabla 2.2:

Tabla 2.2. Teclas para desplazarse en Word.

Tecla	Descripción
	**Flecha arriba**, para desplazarse una línea arriba.
	**Flecha abajo**, para desplazarse una línea abajo.
	**Flecha dcha**, para desplazarse un carácter a la derecha.
	**Flecha izda,** para desplazarse un carácter a la izquierda.
	**Inicio**, para desplazarse al principio de la línea.
	**Fin**, para desplazarse al final de la línea.
	**RePág**, para desplazarse una pantalla arriba.
	**AvPág**, para desplazarse una pantalla abajo.
	**Control-Inicio**, para ir al principio del documento.
	**Control-Fin**, para ir al final del documento.

Nota: Si mueve el cursor para desplazarse en un documento, tenga en cuenta que el punto de inserción no se desplaza. Si borra o aplica cualquier acción, no se aplicará al lugar en que se encuentre el cursor, sino al lugar en que se encuentre el punto de inserción. Para desplazar el punto de inserción, haga clic en el lugar al que quiera moverlo. Sin embargo, las teclas del teclado sí desplazan el punto de inserción. Observe a continuación, en la figura 2.9 lo distantes que se encuentran el punto de inserción (arriba) y el cursor (abajo).

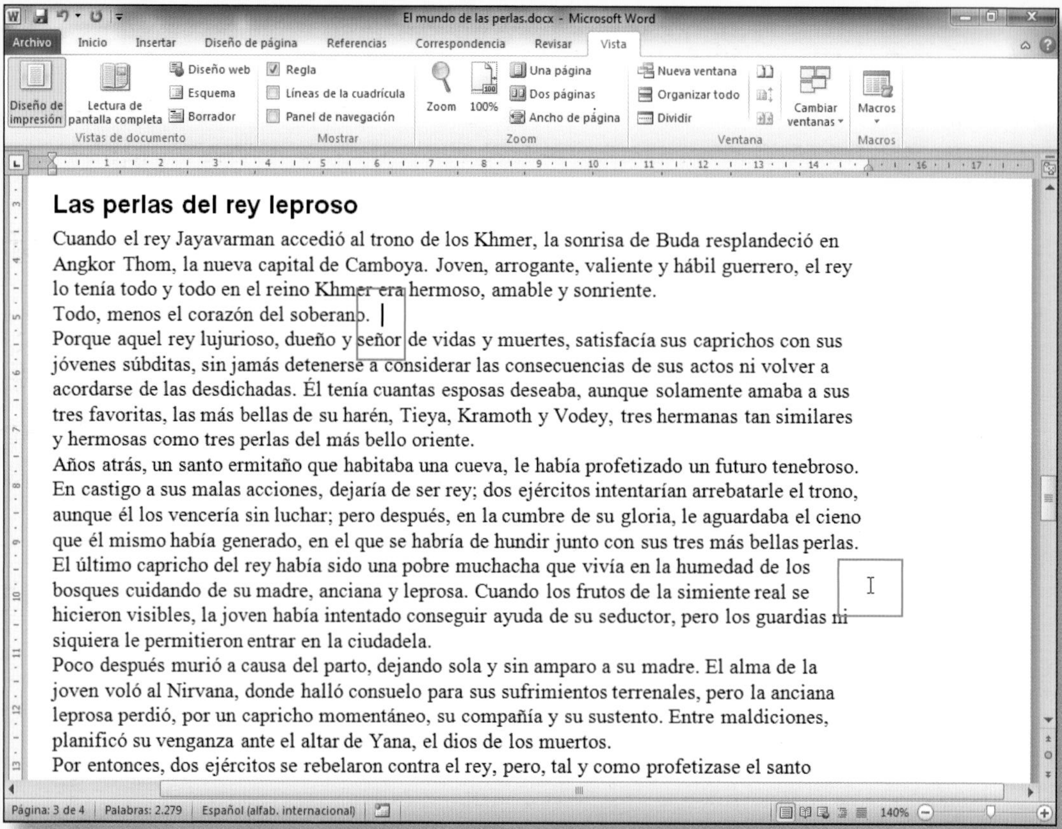

Figura 2.9. Mover el ratón no supone desplazar el punto de inserción. Hay que hacer clic en el lugar de destino.

SELECCIONAR TEXTO

Seleccionar texto sirve para aplicar un comando o una acción a todo el bloque de texto seleccionado. Por ejemplo, para borrar un trozo de texto de una sola vez, hay que seleccionarlo y pulsar la tecla **Supr**. Para formatear dos párrafos de manera distinta al resto al texto restante, hay que seleccionarlos y después elegir el formato. Los elementos seleccionados aparecen de color más oscuro que el resto.

- Para seleccionar una palabra, hay que hacer doble clic en ella.
- Para seleccionar un párrafo, hay que hacer triple clic en cualquier lugar del párrafo.
- Para seleccionar un trozo de texto de cualquier extensión, hay que hacer clic al principio y arrastrar el ratón hasta el final sin soltar el botón.
- Para seleccionar una frase, hay que pulsar la tecla **Control** y hacer clic en cualquier lugar de la frase.
- Para seleccionar una línea, hay que apuntar con el ratón al principio de la línea hasta que se convierta en una flecha y luego hacer clic. Puede verlo en la figura 2.10. Observe que el texto de la línea aparece más oscuro que el resto.

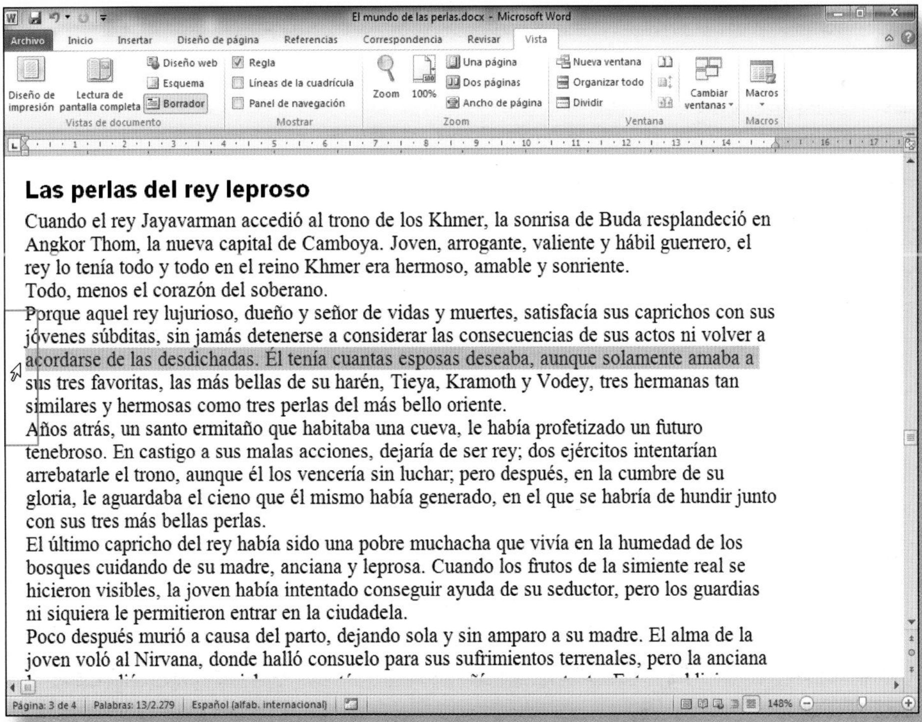

Figura 2.10. El cursor se convierte en una flecha en el inicio de la línea.

- Para seleccionar todo el documento, hay que pulsar a la vez las teclas **Control** y **E**.
- Para quitar una selección, basta hacer clic en cualquier lugar del documento que no esté seleccionado.

BORRAR TEXTO

Hay dos teclas que permiten borrar texto, **Retroceso** y **Supr**.

PRÁCTICA:

Pruebe a borrar una palabra del texto y después un carácter:

- Haga clic para colocar el punto de inserción al final de la palabra o carácter a eliminar y pulse la tecla **Retroceso** tantas veces como caracteres desee borrar.
- Haga clic para colocar el punto de inserción delante de la palabra o carácter a eliminar y pulse la tecla **Supr** tantas veces como caracteres desee borrar.

PRÁCTICA:

Ahora pruebe a borrar un trozo del texto que ha escrito anteriormente:

1. Haga clic al principio del texto y arrastre el ratón sin soltar el botón izquierdo hasta el final del bloque a eliminar.
2. Cuando el texto a borrar esté seleccionado, pulse la tecla **Supr**.

DESHACER Y REHACER

La barra de herramientas de acceso rápido ofrece dos botones muy interesantes:

- **Deshacer**. Deshace la última acción ejecutada. 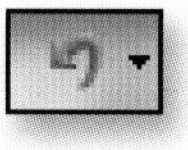
- **Rehacer**. Repite la última acción ejecutada. 

PRÁCTICA:

Practique con los botones **Deshacer** y **Rehacer**:

1. Escriba unas líneas de texto o utilice las escritas anteriormente.
2. Haga doble clic sobre una palabra para seleccionarla.
3. Pulse la tecla **Supr** para borrarla.
4. Haga clic en el botón **Deshacer** de la barra de herramientas de acceso rápido para volver a ver la palabra.
5. Haga clic en el botón **Rehacer** de la barra de herramientas de acceso rápido para volver a borrarla.
6. Haga clic al final de un párrafo cualquiera para mover ahí el punto de inserción.
7. Pulse la tecla **Intro** para insertar una línea en blanco.
8. Haga clic en el botón **Rehacer** de la barra de herramientas de acceso rápido para repetir la inserción de línea en blanco.
9. Haga clic dos veces en el botón **Deshacer** de la barra de herramientas de acceso rápido para eliminar las dos nuevas líneas en blanco.

Nota: Recuerde que estos botones deshacen o rehacen siempre la última acción. Si necesita deshacer una acción que no sea la última, haga clic en la flecha abajo del botón **Deshacer** y observe todas las acciones que ha realizado hasta llegar a la que desea deshacer. Puede deshacerla haciendo clic en ella, pero tenga en cuenta que también se desharán las acciones posteriores. Windows almacena las acciones en una pila y va colocando la última que se realiza encima de todas, en primer lugar.

COPIAR, CORTAR Y PEGAR

Word 2010 permite copiar un texto en cualquier lugar del mismo u otro documento, así como eliminarlo de un lugar y situarlo en otro. La diferencia entre los comandos Copiar y Cortar es que el primero mantiene el original intacto, mientras que el segundo lo elimina.

Windows almacena en un lugar del disco duro llamado Portapapeles el objeto copiado o cortado más recientemente, luego se puede pegar tantas veces como se desee y en tantos lugares como sea preciso.

PRÁCTICA:

Practique con los botones **Copiar** y **Pegar**:

1. Escriba unas líneas de texto o utilice las escritas anteriormente.

2. Seleccione una línea de texto llevando el ratón al inicio y haciendo clic cuando se convierta en una flecha.
3. Haga clic en el botón **Copiar** del grupo Portapapeles de la ficha Inicio. Está situado en el centro, a la derecha del grupo.
4. Haga clic en otro lugar del documento que no contenga texto, para colocar el punto de inserción.
5. Haga clic en el botón **Pegar** del grupo Portapapeles de la ficha Inicio. La línea de texto se copiará a ese lugar.
6. Haga clic en otro lugar diferente del documento que contenga texto.
7. Haga clic en el botón **Pegar** del grupo Portapapeles de la ficha Inicio. La línea de texto se copiará a ese lugar, empujando hacia la derecha al texto existente.

PRÁCTICA:

Practique con los botones **Cortar** y **Pegar**:

1. Escriba dos o tres párrafos de texto o utilice lo escrito anteriormente.
2. Seleccione un párrafo haciendo clic en él rápidamente tres veces seguidas.
3. Haga clic en el botón **Cortar** del grupo Portapapeles de la ficha Inicio. Tiene un icono en forma de tijeras. El párrafo desaparecerá.
4. Haga clic en otro lugar del documento que no contenga texto, para colocar el punto de inserción.
5. Haga clic en el botón **Pegar** del grupo Portapapeles de la ficha Inicio. El párrafo se trasladará a ese lugar.

6. A continuación, haga triple clic en otro párrafo para seleccionarlo.
7. Haga clic en el botón **Pegar** del grupo Portapapeles de la ficha Inicio. El párrafo cortado reemplazará al seleccionado.

El Portapapeles de Word 2010

El Portapapeles de Windows solamente puede almacenar un objeto a la vez, de forma que si se copia o corta otro, sustituye al anterior. Pero el Portapapeles de Word 2010 permite almacenar 24 objetos que pueden ser caracteres, trozos de texto, imágenes o cualquier otro elemento contenido en un documento.

PRÁCTICA:

Pruebe a utilizar el Portapapeles de Word:

1. Haga clic en el pequeño botón **Iniciador del cuadro de diálogo** del grupo Portapapeles de la ficha Inicio, para desplegar el panel de tareas Portapapeles. Quedará acoplado a la izquierda de la ventana de Word.
2. Observe el contenido del panel. Si no está vacío, haga clic en el botón **Borrar todo**.
3. Haga doble clic en una palabra del texto para seleccionarla.
4. Haga clic en el botón **Copiar** del grupo Portapapeles de la ficha Inicio. La palabra aparecerá en el panel de tareas Portapapeles.
5. Haga clic y arrastre el ratón para seleccionar cualquier trozo de texto.

6. Haga clic en el botón **Copiar** del grupo Portapapeles de la ficha Inicio. El texto se situará en el Portapapeles encima del anterior. Así se va formando la pila.
7. Continúe copiando o cortando palabras, caracteres o trozos de texto para comprobar cómo se van situando encima de los anteriores. Si copia más de 24 elementos, el primero copiado se eliminará del Portapapeles.
8. Haga clic en el lugar del documento donde desee insertar cualquiera de los contenidos del Portapapeles.
9. Haga clic en el contenido del Portapapeles que desee insertar. Observe que el contenido se copia pero no desaparece del Portapapeles. Puede insertarlo tantas veces como desee.

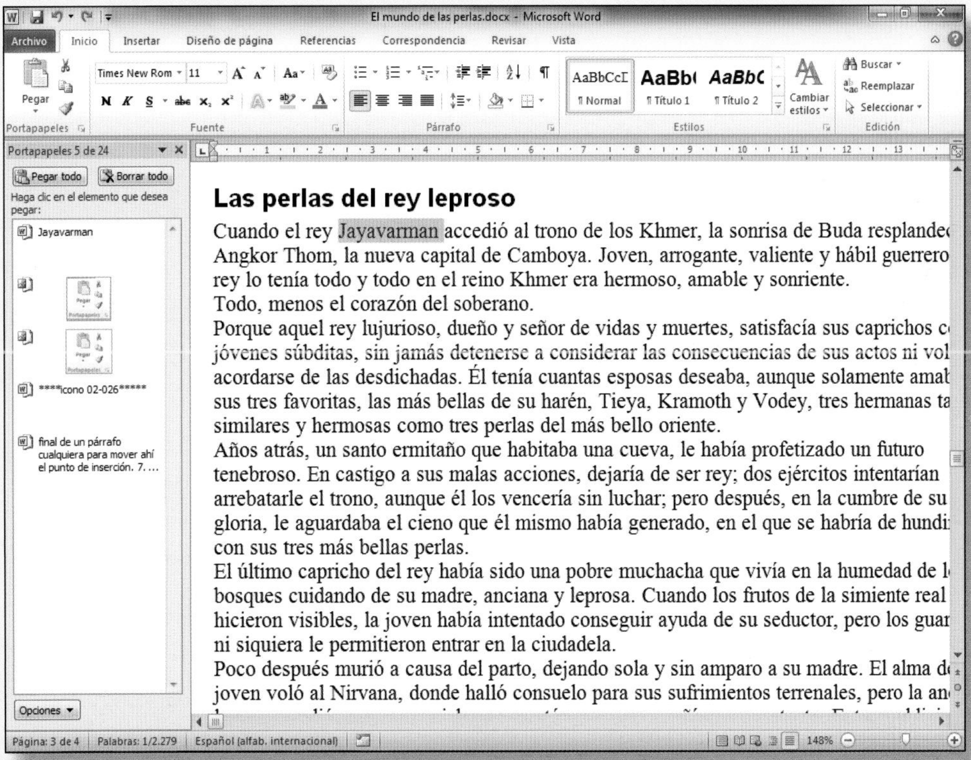

Figura 2.11. El Portapapeles de Word va colocando al principio el último objeto copiado o cortado.

Para cerrar el panel de tareas Portapapeles, hay que hacer clic en el botón en forma de aspa situado en el extremo superior derecho.

Para eliminar un contenido del Portapapeles, hay que hacer lo siguiente:

1. Haga clic en la flecha abajo que aparece junto a ese contenido al aproximar el ratón.
2. Cuando se despliegue el menú, haga clic en Eliminar.

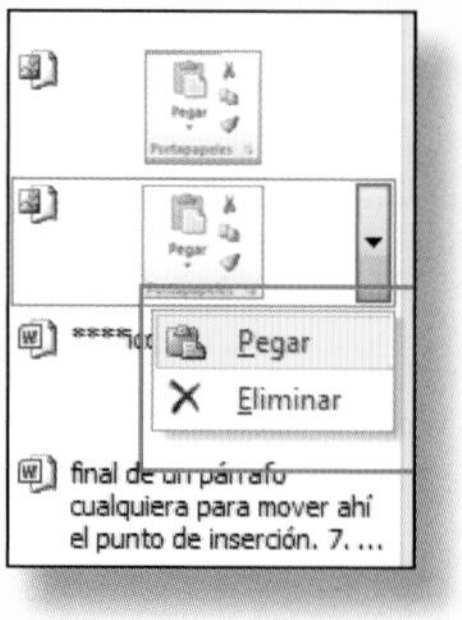

Figura 2.12. Al hacer clic en un elemento del Portapapeles, aparece el menú para pegarlo o eliminarlo.

Las opciones de pegado

Después de pegar un texto en un documento de Word, aparece el botón **Opciones pegado**, un icono que se sitúa al final del texto pegado.

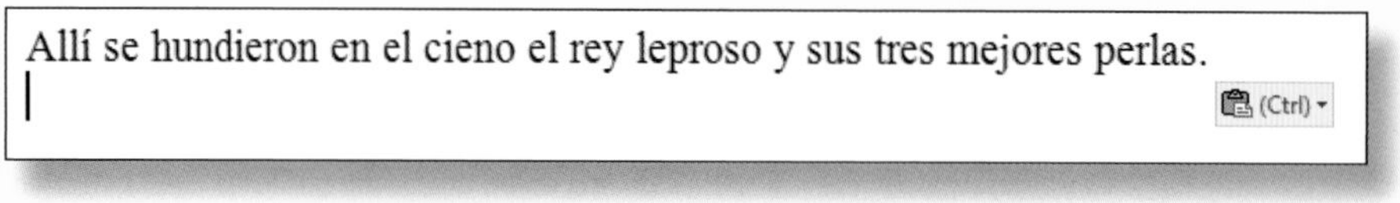

Figura 2.13. Al pegar un texto o una imagen en un documento, aparece el botón Opciones de pegado.

Al hacer clic en ese botón, aparece el menú Opciones de pegado, en el que se puede elegir el formato a aplicar al texto a pegar. De esta forma, si se pega un texto en un documento, se le puede aplicar automáticamente el formato del documento de destino, seleccionando la opción Usar estilos de destino. Para que el texto pegado conserve el formato que tuviera originalmente, hay que hacer clic en Mantener formato de origen. Para que el texto pegado no conserve estilo alguno, hay que seleccionar Mantener solo texto. Si los documentos de origen y destino tienen formatos diferentes, el botón ofrece una cuarta opción: Combinar formato.

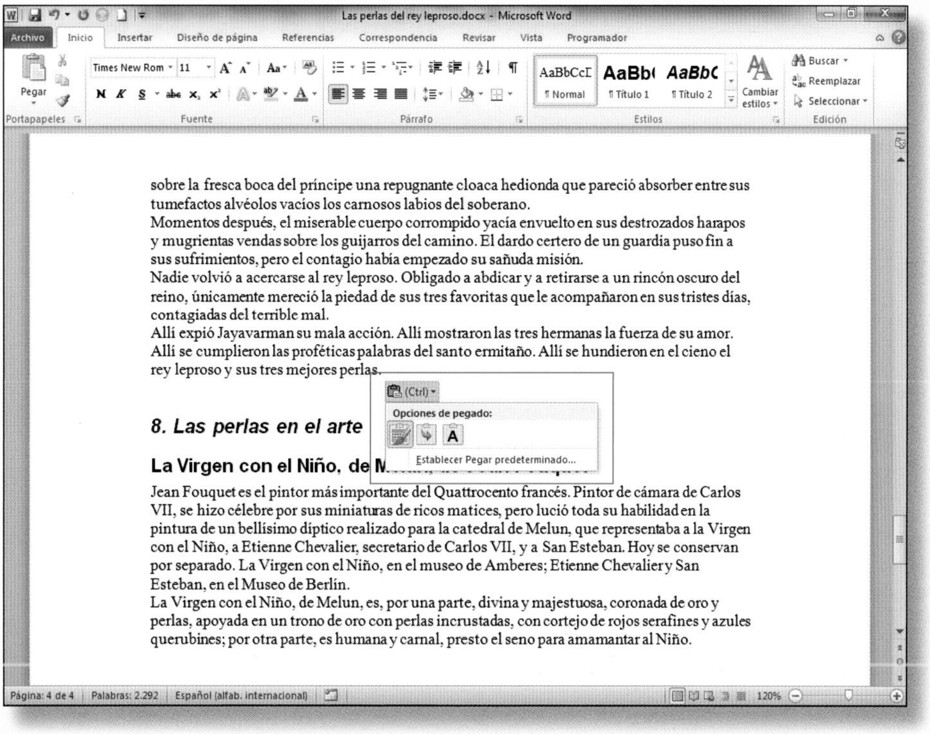

Figura 2.14. Al hacer clic en el botón Opciones de pegado, aparece el menú.

Nota: Para cerrar el botón **Opciones de pegado**, pulse la tecla **Esc**.

3

DÉ FORMATO AL TEXTO CON WORD 2010

Word 2010 distingue dos tipos de formatos:

- Formatos de caracteres. Se aplican a uno o varios caracteres previamente seleccionados, ya sean caracteres individuales, palabras, frases o textos completos. Los caracteres se seleccionan arrastrando el ratón como hemos visto en el capítulo anterior.
- Formatos de párrafo. Se aplican al texto comprendido en un párrafo seleccionado, es decir, el texto que finaliza con la marca de párrafo que vimos en el capítulo anterior. Para seleccionar un párrafo con vistas a aplicarle un formato, solamente hay que hacer clic en él para situar dentro el punto de inserción.

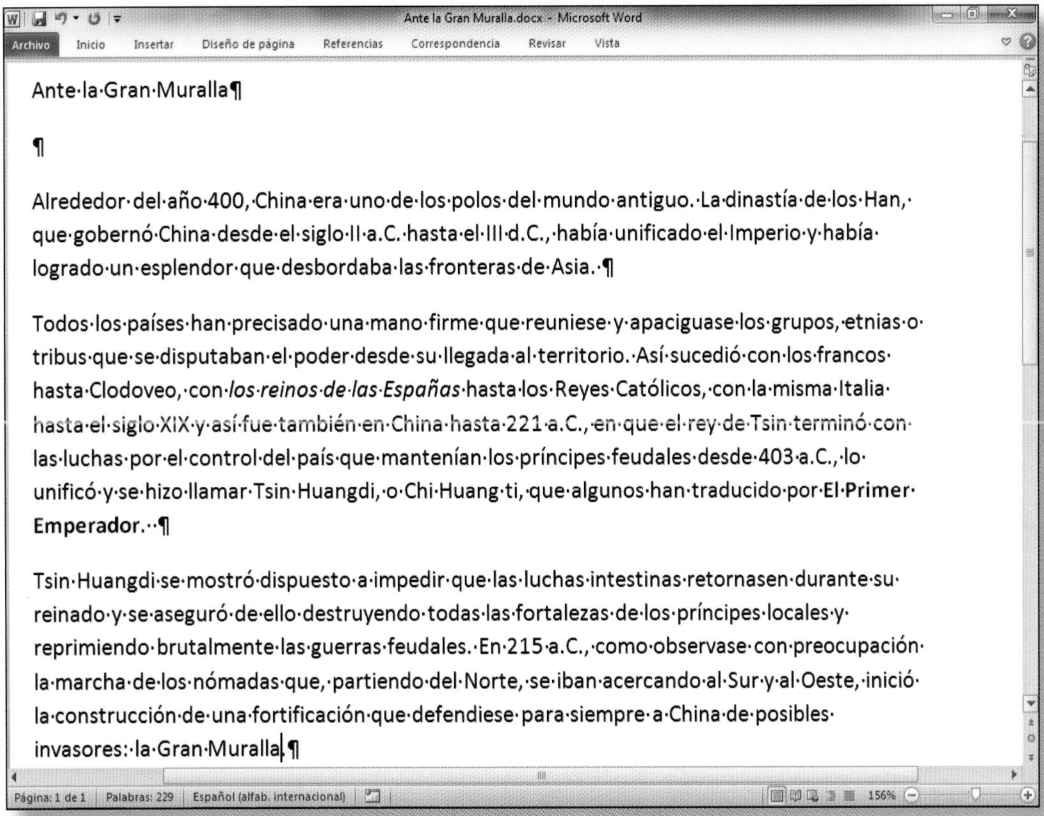

Figura 3.1. En este texto se pueden distinguir cuatro párrafos con sus respectivas marcas. En el último puede verse el punto de inserción junto a la marca.

Nota: Word considera párrafo a todo el texto que se encuentra delante de la marca de párrafo, que es invisible si no se activa el botón **Mostrar todo**. Todos los estilos del párrafo se acumulan en esa marca. Si se selecciona el párrafo arrastrando el ratón y la marca queda fuera de la selección, no se seleccionarán los estilos. Si se borra la marca de párrafo, se borrarán los estilos y el párrafo asumirá los del siguiente, ya que se unirá a él al desaparecer el punto y aparte. 

FORMATO DE CARACTERES

PRÁCTICA:

Pruebe a formatear los caracteres de un texto:

1. Escriba un título para el texto.
2. Pulse la tecla **Intro** dos veces para separar el título del cuerpo de texto.
3. Escriba un párrafo de texto, pulse **Intro** una vez y escriba otros dos párrafos pulsando **Intro** al finalizar cada uno.
4. El texto aparecerá de forma similar a la que muestra la figura 3.2.
5. Haga clic al inicio de una frase que desee resaltar.
6. Arrastre el ratón hasta el final de la frase para seleccionarla.

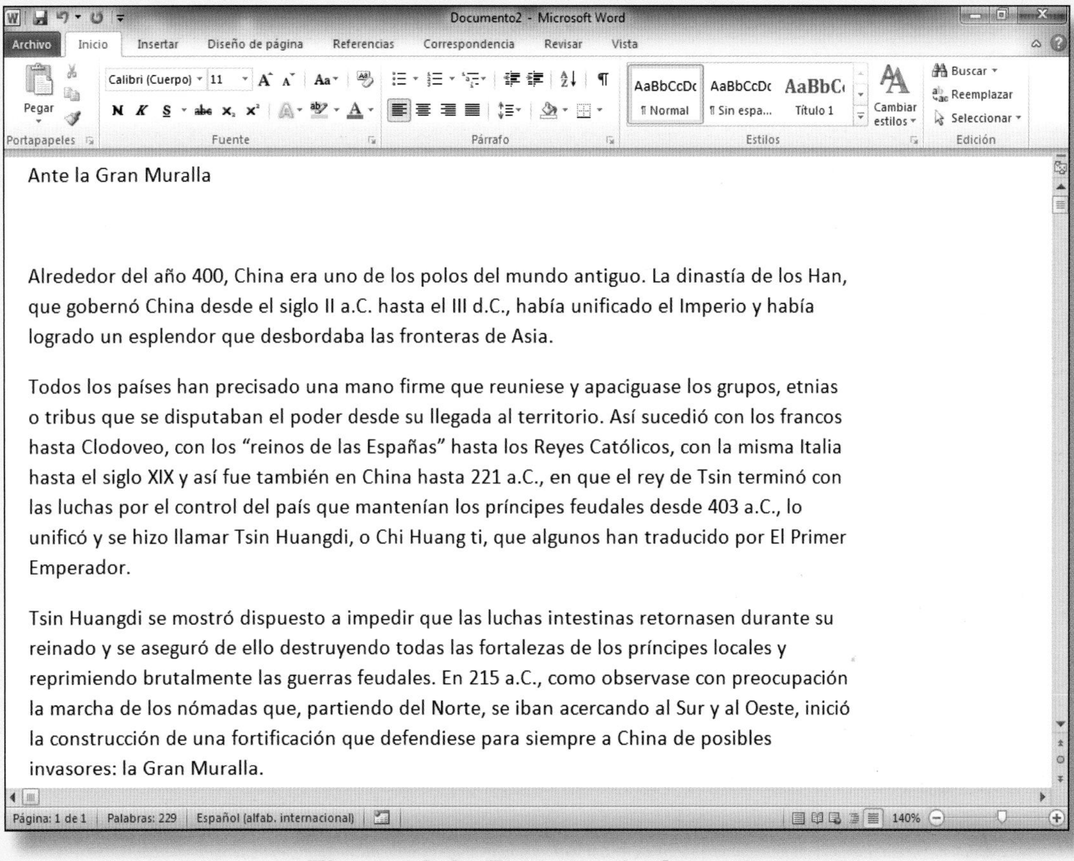

Figura 3.2. El texto sin formatear.

7. Haga clic sobre la selección con el botón derecho del ratón.
8. Cuando aparezca la paleta de formato, haga clic en el botón **Negrita**.
9. Todo el texto seleccionado quedará formateado en negrita.

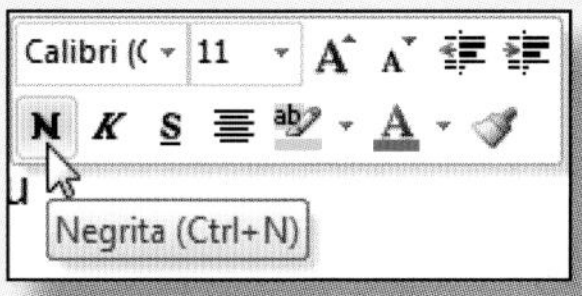

Figura 3.3. El botón Negrita.

10. Haga doble clic sobre una palabra que desee distinguir en el texto, para seleccionarla.
11. Haga clic sobre la selección con el botón derecho del ratón.
12. Cuando aparezca la paleta de formato, haga clic en el botón **Cursiva**.
13. El texto seleccionado quedará formateado en cursiva.

Figura 3.4. El botón Cursiva.

Nota: Observe que, en la vista Diseño de impresión, la paleta de formato aparece automáticamente al aproximar el ratón a un texto seleccionado, sin necesidad de hacer clic.

Igualmente se pueden utilizar los comandos y botones del grupo Fuente de la ficha Inicio.

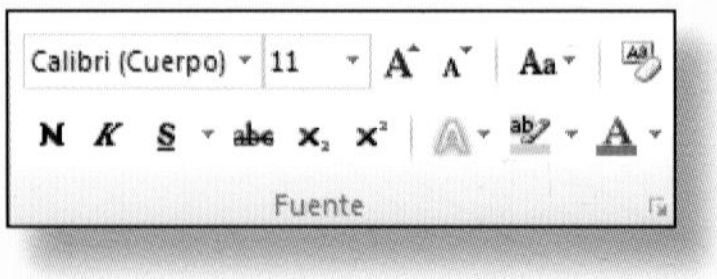

Figura 3.5. El grupo Fuente tiene más comandos que la paleta.

La fuente

La fuente es el conjunto de características de la letra. La fuente predeterminada de Word 2010 es Calibri de 11 puntos.

PRÁCTICA:

Pruebe a formatear el título con los comandos del grupo Fuente:

1. Seleccione la línea de título haciendo clic al inicio de la misma, cuando el cursor se convierta en una flecha.
2. Haga clic en la flecha abajo del comando Fuente, para desplegar la lista de fuentes.
3. Elija en la lista la fuente que desee, por ejemplo, Book Antiqua. Puede desplazarse hacia abajo haciendo clic en el botón de desplazamiento de la derecha y arrastrándolo. Pruebe a hacer clic en distintas fuentes y compruebe el efecto sobre los caracteres del título.

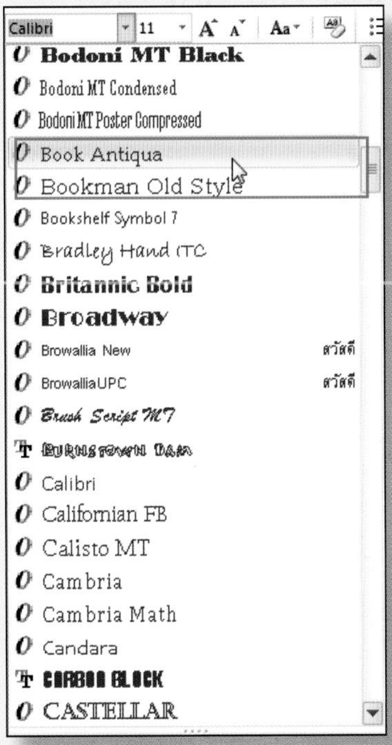

Figura 3.6. La fuente Book Antigua.

PRÁCTICA:

Pruebe a cambiar el tamaño del título:

1. Con el título seleccionado, haga clic en la flecha abajo del comando Tamaño de fuente, para desplegar la lista.
2. Seleccione un tamaño de fuente tal como 16 puntos.

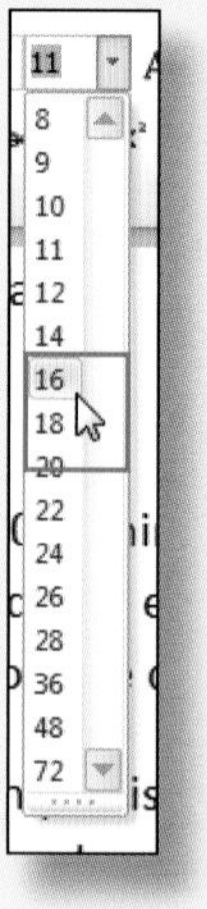

Figura 3.7. La lista desplegable permite aumentar o disminuir el tamaño.

PRÁCTICA:

Pruebe a aplicar la nueva función Efectos de texto al título. Si está trabajando en vista Borrador, haga clic en el botón **Diseño de impresión** de la barra de estado, para visualizar los resultados antes de aplicar un efecto. En vista Borrador no se ven:

1. Seleccione los caracteres de la línea de título.
2. Haga clic en el botón **Efectos de texto** del grupo Fuente.

3. Pase el ratón por las distintas opciones del menú Efectos de texto. Podrá ver el resultado inmediatamente. Pruebe las opciones Esquema, Sombra, Reflexión, Iluminado.
4. Haga clic en el efecto que desee.

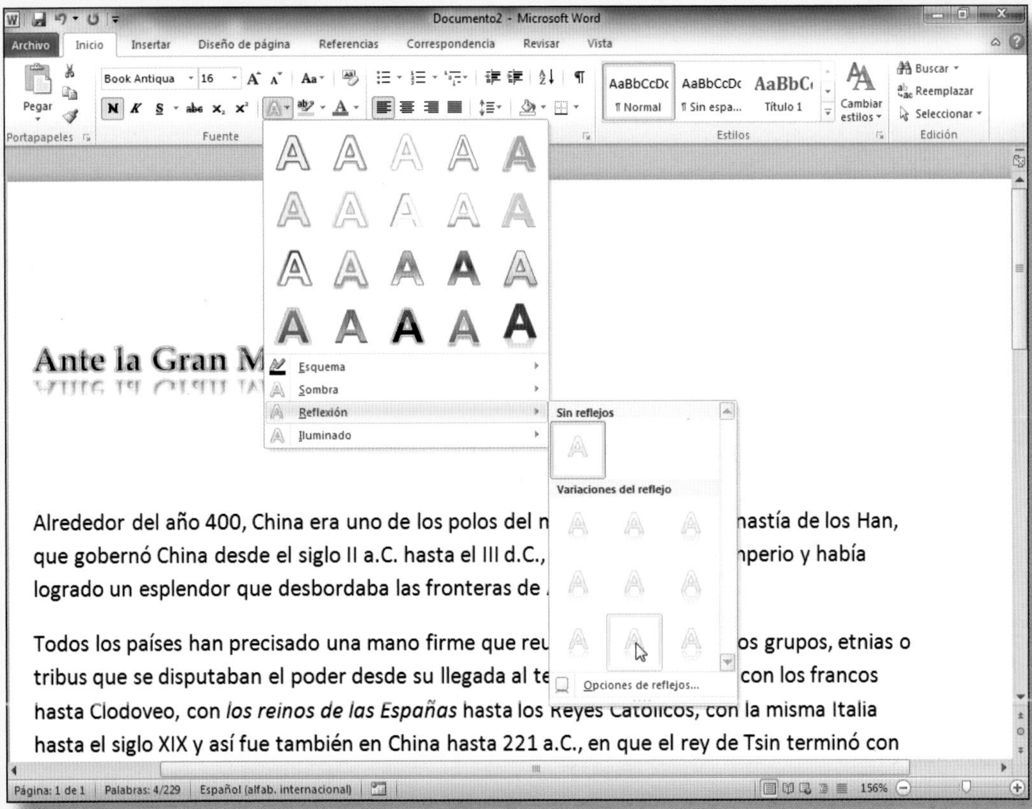

Figura 3.8. Los Efectos de texto se pueden ver antes de aplicarlos.

FORMATO DE PÁRRAFOS

Para formatear un párrafo se pueden igualmente emplear las herramientas de la paleta de formato o las del grupo Párrafo de la ficha Inicio. El formato se aplicará al párrafo que contenga el punto de inserción.

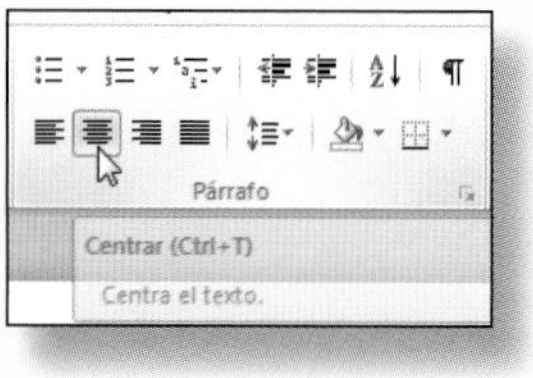

Figura 3.9. El grupo Párrafo con los botones para alinear el texto.

PRÁCTICA:

Pruebe a formatear todos los párrafos del texto anterior.

1. Haga clic en cualquier lugar del título para seleccionarlo.
2. Haga clic en el botón **Centrar** del grupo Párrafo de la ficha Inicio.
3. Haga clic en el primer párrafo para situar el punto de inserción.
4. Haga clic en el botón **Justificar** del grupo Párrafo de la ficha Inicio.

Nota: Recuerde que, si tiene dudas sobre la función de un botón o comando, puede aproximar el cursor y dejarlo unos segundos en el botón o comando para ver la información de herramientas.

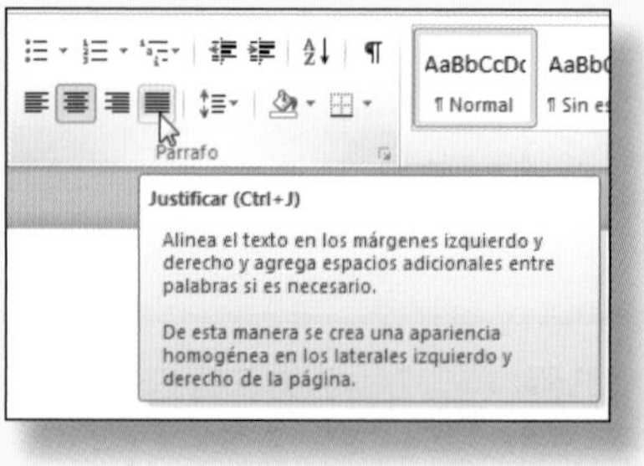

Figura 3.10. La información aparece al acercar el ratón.

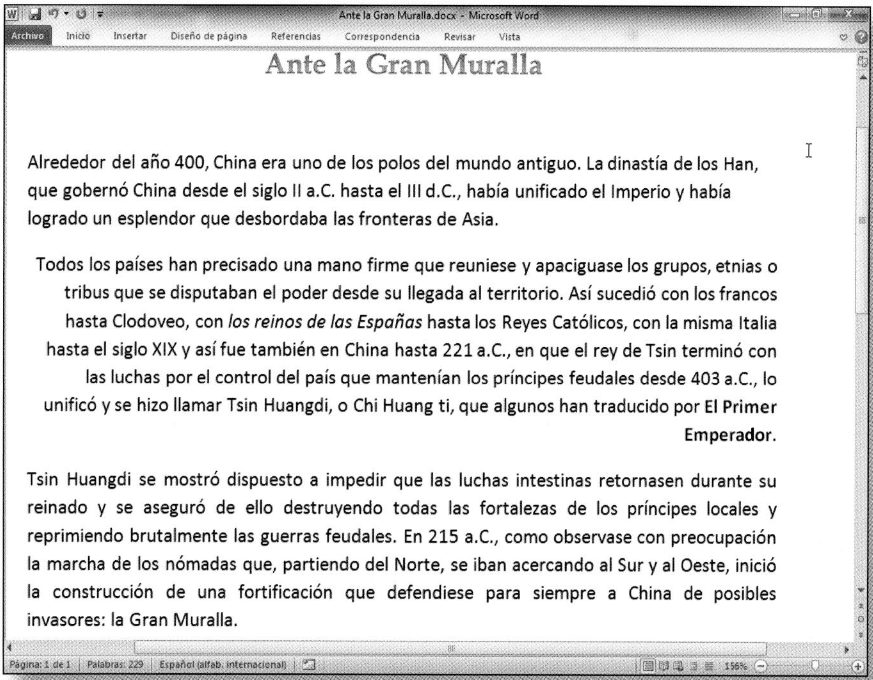

Ante la Gran Muralla

Alrededor del año 400, China era uno de los polos del mundo antiguo. La dinastía de los Han, que gobernó China desde el siglo II a.C. hasta el III d.C., había unificado el Imperio y había logrado un esplendor que desbordaba las fronteras de Asia.

Todos los países han precisado una mano firme que reuniese y apaciguase los grupos, etnias o tribus que se disputaban el poder desde su llegada al territorio. Así sucedió con los francos hasta Clodoveo, con *los reinos de las Españas* hasta los Reyes Católicos, con la misma Italia hasta el siglo XIX y así fue también en China hasta 221 a.C., en que el rey de Tsin terminó con las luchas por el control del país que mantenían los príncipes feudales desde 403 a.C., lo unificó y se hizo llamar Tsin Huangdi, o Chi Huang ti, que algunos han traducido por **El Primer Emperador**.

Tsin Huangdi se mostró dispuesto a impedir que las luchas intestinas retornasen durante su reinado y se aseguró de ello destruyendo todas las fortalezas de los príncipes locales y reprimiendo brutalmente las guerras feudales. En 215 a.C., como observase con preocupación la marcha de los nómadas que, partiendo del Norte, se iban acercando al Sur y al Oeste, inició la construcción de una fortificación que defendiese para siempre a China de posibles invasores: la Gran Muralla.

Figura 3.11. Párrafo centrado, a la izquierda, a la derecha y justificado.

Nota: Recuerde que puede utilizar el botón **Deshacer** de la barra de herramientas de acceso rápido, si se equivoca o no está conforme con el resultado. Además, si no le agrada un formato, éste desaparecerá tan pronto como aplique otro distinto.

Listas con viñetas y listas numeradas

PRÁCTICA:

Pruebe a formatear un texto con viñetas:

1. Escriba el título y pulse **Intro** dos veces.

2. Escriba un texto corto.
3. Pulse **Intro** y escriba otros dos o tres textos cortos pulsando **Intro** cada vez.
4. Haga clic al inicio de la línea de título para seleccionarla.
5. Cuando aparezca la paleta de formato, haga clic varias veces en el botón **Agrandar fuente**. Presenta una letra A mayúscula. Si no le resulta cómodo este método, haga clic con el botón derecho del ratón en la línea seleccionada para acceder al menú contextual y a la paleta.

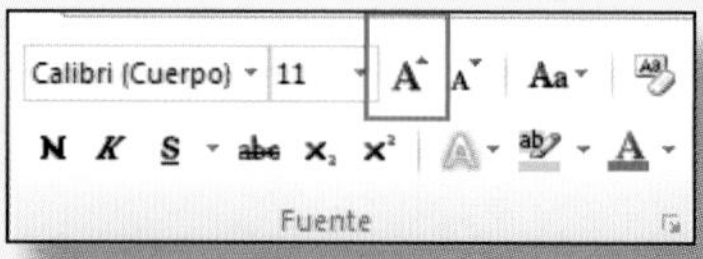

Figura 3.12. El botón Agrandar fuente.

6. Haga clic en el botón **Centrar** de la paleta. Lo hemos empleado antes para el título.
7. Haga clic al principio de la primera línea de texto corto y arrastre el ratón al final para seleccionarlas todas.
8. Haga clic en el comando Viñetas del grupo Párrafo.
9. Elija el modelo de viñeta que le agrade.

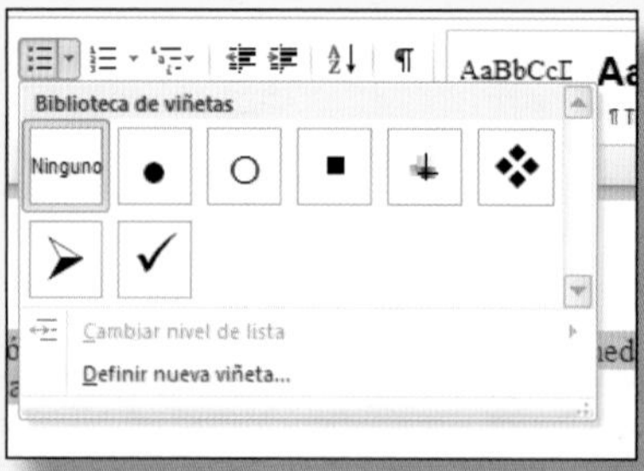

Figura 3.13. El menú con la biblioteca de viñetas.

PRÁCTICA:

Pruebe ahora a formatear el mismo texto con listas numeradas:

1. Seleccione las líneas que ha formateado con viñetas.
2. Haga clic en el comando Numeración del grupo Párrafo.
3. Elija el modelo que le agrade.

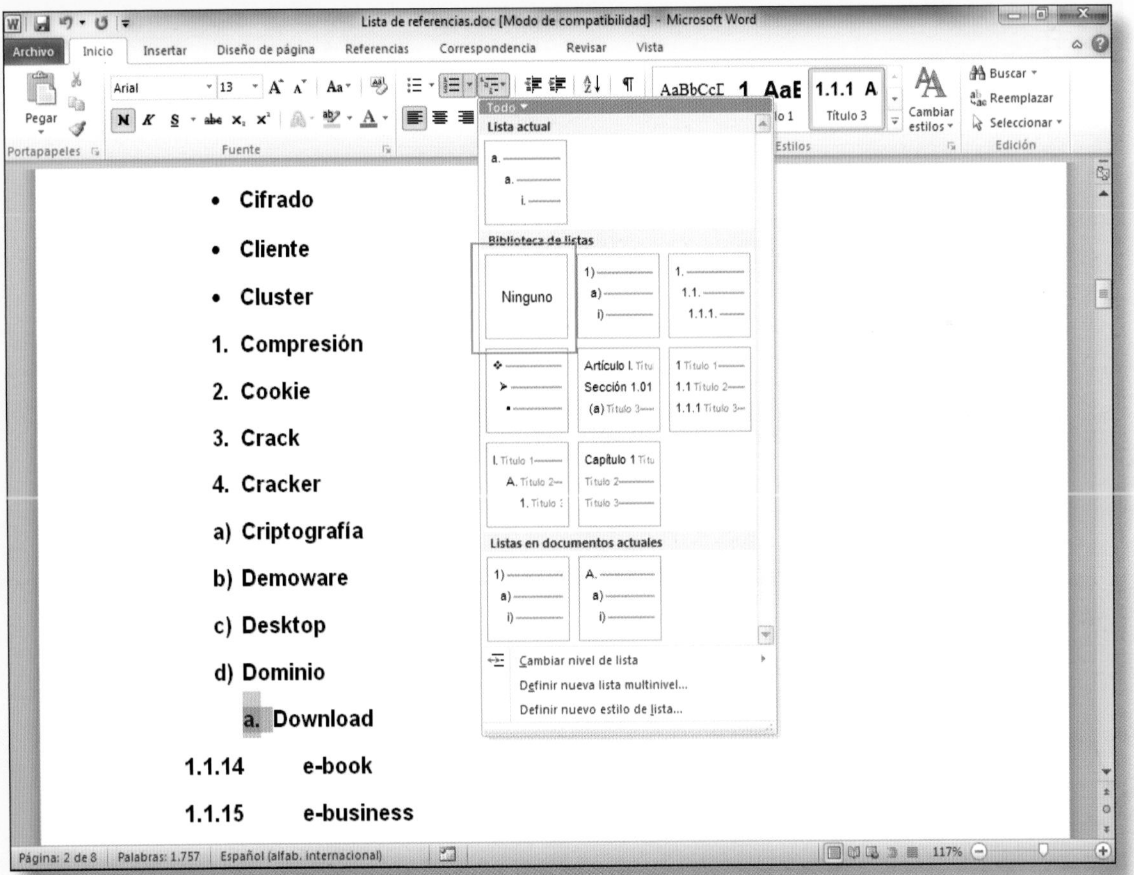

Figura 3.14. Con Word, es fácil crear listas con viñetas, numeradas o multinivel.

Nota: Observe que después de aplicar numeración o viñetas a un texto, puede continuar escribiendo párrafos con el mismo formato. Cuando pulse la tecla **Intro** para crear un nuevo párrafo, quedará formateado automáticamente con los números o viñetas de los anteriores.

Para escribir texto sin números o viñetas, en lugar de pulsar **Intro**, haga doble clic en la línea inferior. Si no lo consigue, seleccione el comando Numeración o Viñetas y, cuando se despliegue el menú, haga clic en Ninguno. Está señalado en la figura 3.14.

Los cuadros de diálogo de formato

Además de las herramientas que ofrecen el menú contextual, la paleta de formato y los grupos Fuente y Párrafo de la ficha Inicio, es posible utilizar las mismas y otras opciones de dos cuadros de diálogo:

- Fuente. Se despliega haciendo clic en el botón **Iniciador del cuadro de diálogo** del grupo Fuente. También se puede hacer clic en la opción Fuente del menú contextual que aparece cuando hay caracteres seleccionados.
- Párrafo. Se despliega haciendo clic en el botón **Iniciador del cuadro de diálogo** del grupo Párrafo. También se puede hacer clic en la opción Párrafo del menú contextual que aparece cuando hay un párrafo seleccionado.

Copiar formatos

Después de formatear un bloque de texto o un párrafo, es posible copiar el formato a otro bloque de texto o párrafo. Compruebe en las dos prácticas siguientes la diferencia entre los formatos de caracteres y los formatos de párrafo.

PRÁCTICA:

Pruebe a copiar un formato de un párrafo a otro:

1. Escriba dos párrafos de texto.
2. Haga clic en cualquier lugar del primer párrafo y aplíquele un formato, por ejemplo:
   - Haga clic en el botón **Justificar** del grupo Párrafo.
   - Haga clic en el botón **Aumentar sangría** del grupo Párrafo.

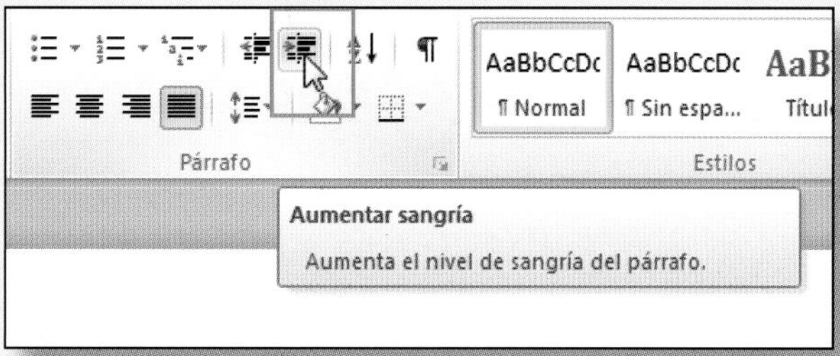

Figura 3.15. Los botones para ajustar la sangría del párrafo.

3. Para seleccionar el formato del primer párrafo, haga clic en cualquier lugar dentro de él.
4. Para copiar el formato de este párrafo, haga clic en el botón **Copiar formato** del grupo Portapapeles de la ficha Inicio. Tiene la forma de una brocha.
5. Para pegar el formato en el segundo párrafo, haga clic en él. Observe que el cursor lleva adherido un icono con forma de brocha.

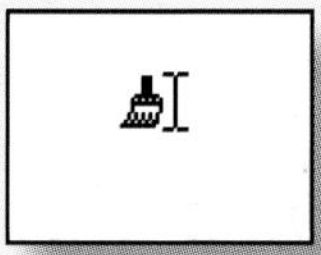

PRÁCTICA:

Pruebe a copiar formatos de caracteres de un párrafo a otro del documento:

1. Haga clic al principio del primer párrafo y arrastre el ratón hasta el final para seleccionar todos los caracteres.
2. Aplique un formato, por ejemplo, haga clic en la flecha abajo, en la herramienta Fuente del grupo Fuente y seleccione Cambria. Si lo desea, puede hacer clic en los botones **Negrita**, **Cursiva**, **Subrayado** o elegir un **Color de fuente**. Pruebe los botones y comandos del grupo Fuente, acercando antes el cursor para ver lo que hacen.
3. Para copiar el formato, haga clic en el botón **Copiar formato** y arrástrelo sobre todos los caracteres del segundo párrafo. Si algún carácter queda fuera, no recibirá el formato.

ELIMINAR FORMATOS

- Para eliminar los formatos de carácter, como fuente, tamaño de fuente, negrita, cursiva, etc., hay que seleccionar el texto arrastrando el ratón sobre él y después pulsar a la vez las teclas **Control** y **Barra espaciadora**.
- Para quitar un solo formato de carácter, por ejemplo, la negrita o la cursiva, basta hacer clic en el botón **Negrita** o **Cursiva** del grupo Fuente. Cuando está aplicado el formato, el botón aparece activado de color amarillo. Al hacer clic, se desactiva. Al volver a hacer clic, se activa de nuevo.

- Para eliminar todos los formatos de un párrafo, hay que hacer clic en él para situar el punto de inserción y después hacer clic en el botón **Borrar formato** situado en el extremo superior derecho del grupo Fuente.

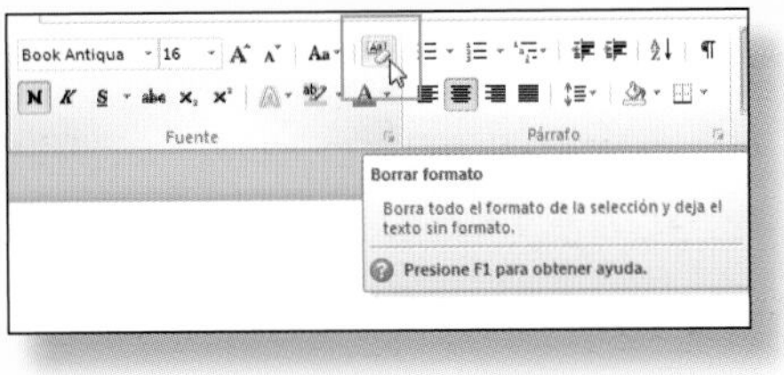

Figura 3.16. El botón Borrar formato.

- Otra forma de borrar todo el formato de un texto es seleccionarlo y después hacer clic en el **Iniciador del cuadro de diálogo** del grupo Estilos de la ficha Inicio y, a continuación, hacer clic en la opción Borrar todo. El iniciador y la opción de borrar aparecen marcados en la figura 3.17.

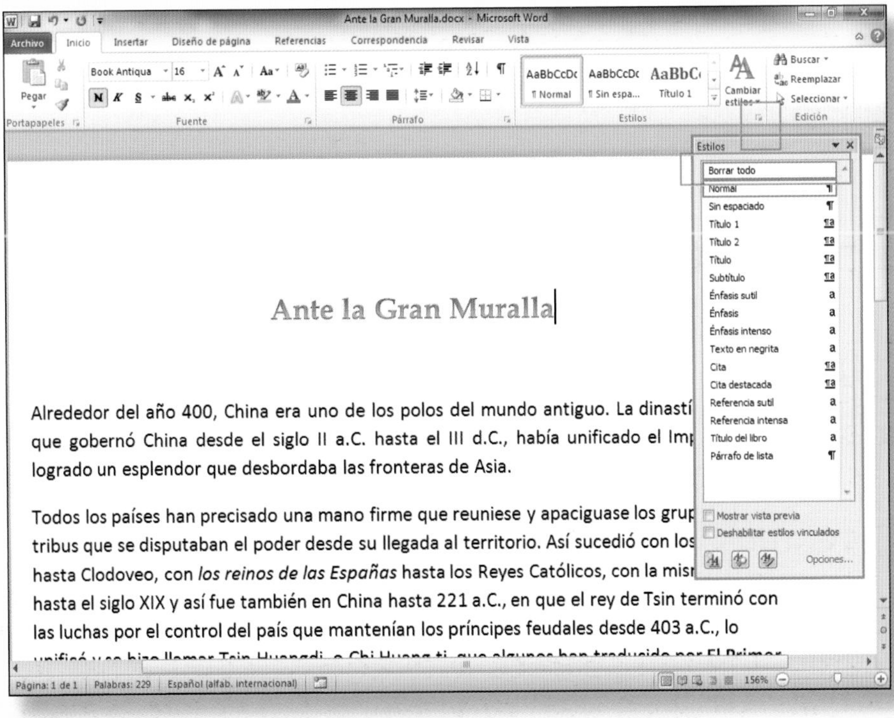

Figura 3.17. El iniciador y la opción Borrar todo del panel de tareas Estilos.

LOS ESTILOS DE WORD 2010

El grupo Estilos que acabamos de ver ofrece numerosos estilos predefinidos que se aplican al texto con un solo clic.

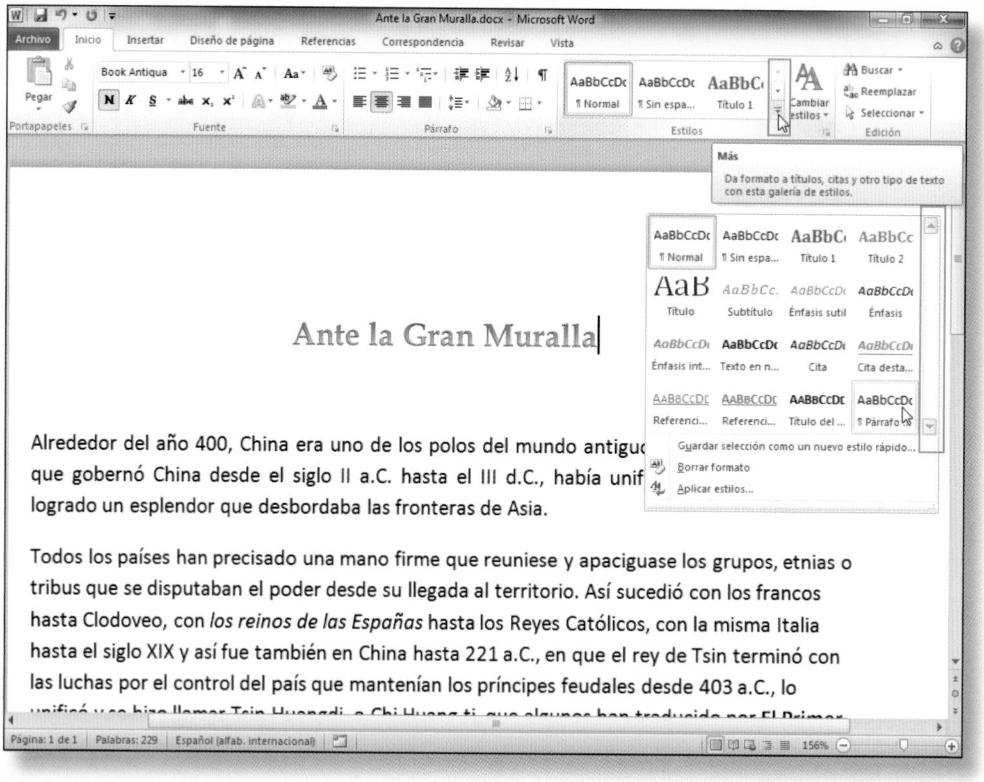

Figura 3.18. Los estilos de Word 2010.

Observe la figura 3.18. En ella aparecen marcados en rojo los tres botones del grupo Estilos. Los dos botones superiores tienen respectivamente una flecha arriba y una flecha abajo. Haciendo clic en uno de ellos, se pueden visualizar los diferentes estilos predefinidos.

Al hacer clic en el botón inferior, **Más**, se despliega la paleta de estilos que puede ver en la figura. Tiene una barra de desplazamiento a la derecha que permite desplazarse hacia arriba o hacia abajo para visualizar todos los estilos.

PRÁCTICA:

Pruebe a aplicar estilos al texto:

1. Seleccione el texto al que aplicar el estilo. Para seleccionarlo todo, pulse a la vez las teclas **Control** y **E**.
2. Haga clic en el botón **Más** del grupo Estilos para desplegar la paleta.
3. Acerque el cursor a un estilo tras otro para probar el resultado sobre el texto seleccionado. Recuerde que únicamente se ve el efecto inmediato en vista Diseño de impresión.
4. Para aplicar un estilo al texto, haga clic en él. Para aplicar otro distinto, haga clic en él. El nuevo sustituirá al primero.
5. Después, añada estilos de párrafo, por ejemplo, alineación justificada o sangría, como hemos visto anteriormente, empleando los comandos de los grupos Fuente y Párrafo, la paleta de formato o los cuadros de diálogo.

Los estilos del panel de tareas

El panel de tareas Estilos, que aparece en las figuras 3.17 y 3.19, ofrece tres tipos de estilos:

- Los estilos de carácter, que se pueden aplicar al texto seleccionado, como Énfasis, Título del libro o Referencia sutil, se distinguen porque llevan el icono **a**.
- Los estilos de párrafo, que se pueden aplicar al párrafo seleccionado, como Normal o Párrafo de lista, se distinguen porque llevan el icono ¶, la marca de fin de párrafo.

- Los estilos de carácter y párrafo que se aplican al párrafo y a los caracteres que contenga, como Título 1 o Subtítulo, se distinguen porque llevan ambos iconos, **a**¶.

PRÁCTICA:

Para aplicar los estilos del panel de tareas Estilos, haga lo siguiente:

1. Para aplicar un estilo de título al título del texto, haga clic en el párrafo de título del texto para colocar en él el punto de inserción.
2. Haga clic en el botón **Iniciador del cuadro de diálogo** del grupo Estilos.
3. Cuando se abra el panel de tareas, haga clic en Título 1, Título 2, Subtítulo, etc., para comprobar el resultado.
4. Para aplicar formatos de carácter, seleccione el carácter, palabra o frase y haga clic en el estilo del panel de tareas. Pruebe varios estilos de carácter hasta que el resultado le satisfaga.

EL INTERLINEADO

El estilo predeterminado de Word 2010, Normal, aplica la opción Interlineado múltiple de 1,15 a las líneas de texto, de forma que queden separadas entre sí. Pero si necesita escribir, por ejemplo, la dirección de una carta, es mejor aplicar Interlineado sencillo. Para ello, hay que hacer lo siguiente:

1. Seleccione el texto.
2. Haga clic en el **Iniciador del cuadro de cuadro de diálogo** del grupo Estilos, para desplegar el panel de tareas Estilos.
3. Haga clic en la opción Sin espaciado.

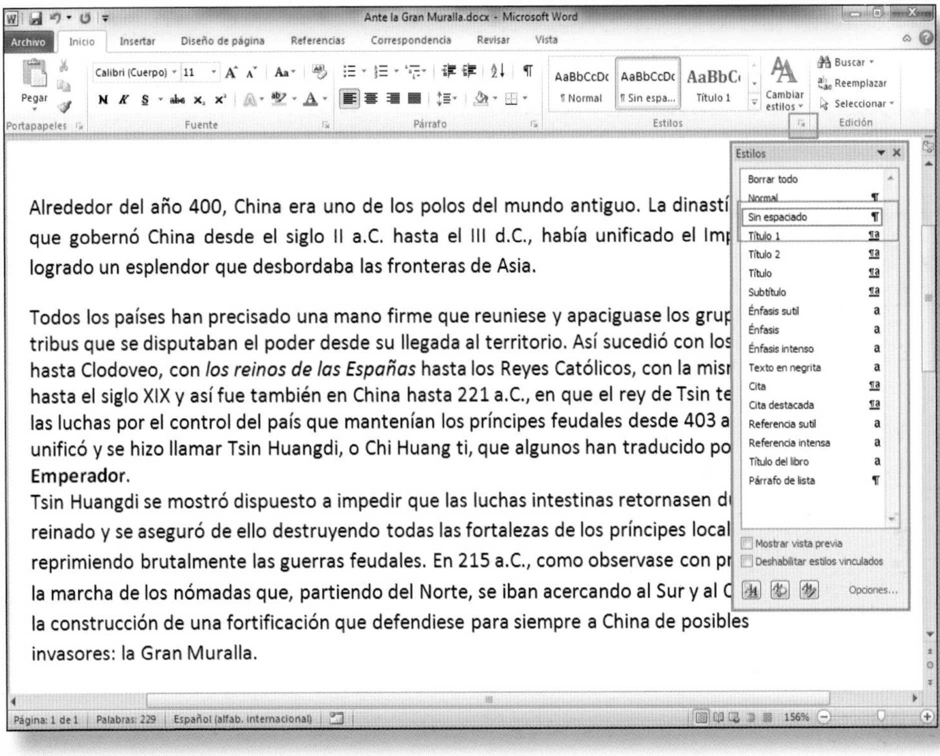

Figura 3.19. A veces es preciso quitar el espaciado de un párrafo.

La figura 3.19 muestra el efecto de aplicar la opción Sin espaciado al párrafo central del documento. Observe que no solamente ha desaparecido el interlineado múltiple, sino que se ha reducido el espacio entre este párrafo y el siguiente. Si lo desea, puede controlar con detalle el espaciado e interlineado haciendo clic en el botón **Espaciado entre líneas y párrafos** del grupo Párrafo.

LAS CARACTERÍSTICAS DE FORMATO

Para ver las características de formato de un estilo en el panel de tareas Estilo, aproxime el ratón al estilo para desplegar la información. Ahí podrá localizar la fuente, el tamaño, la alineación del párrafo, el interlineado y todas sus características de formato. En la figura 3.21, puede ver las del estilo Normal de Word. El programa aplica este estilo y estas características a cualquier texto a menos que se le aplique otro estilo u otros formatos.

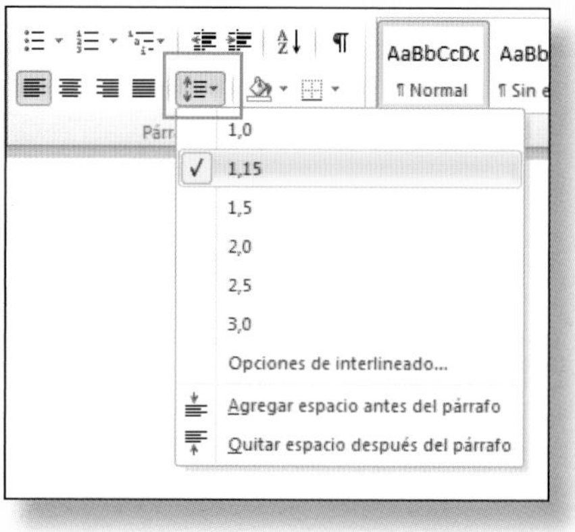

Figura 3.20. Controle el espaciado e interlineado con los comandos del grupo Párrafo.

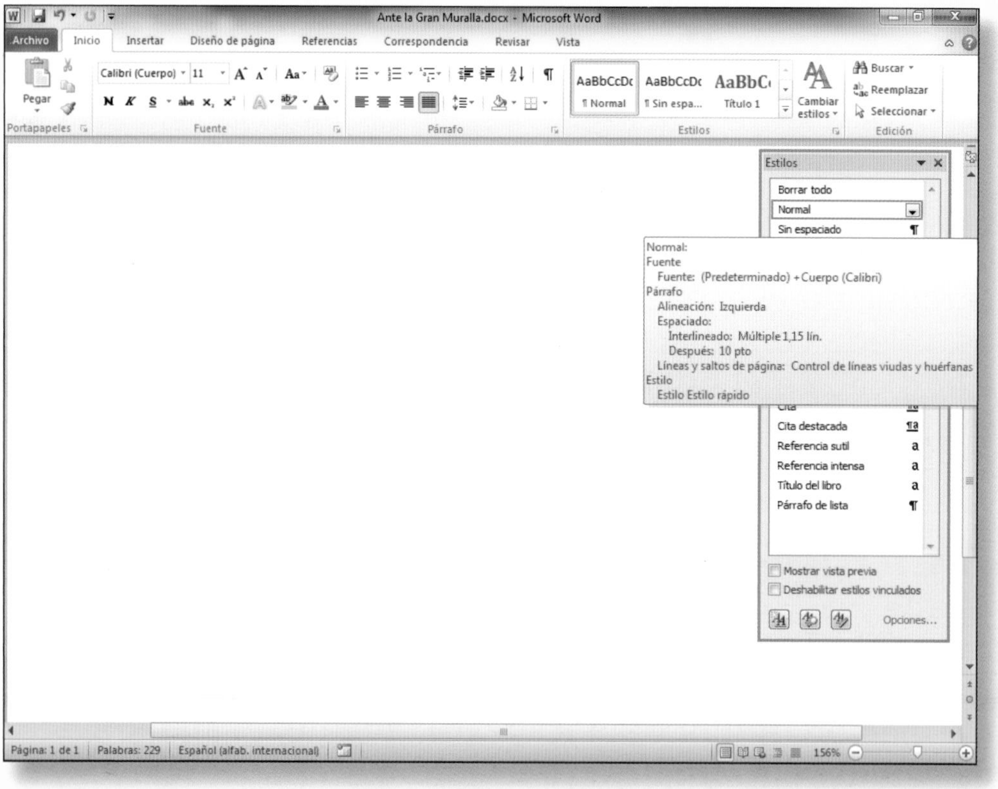

Figura 3.21. Las características de formato del estilo Normal.

4

Gestione sus documentos con Word 2010

CREACIÓN DE DOCUMENTOS

Hay dos formas de crear un documento:

- En blanco. Es el método que hemos seguido hasta ahora. Al iniciarse, Word presenta un documento en blanco en el que se puede insertar texto u otros elementos.
- A partir de una plantilla. Una plantilla es un conjunto de formatos, texto y objetos fijos, que forman la base para un documento específico.

Crear un documento en blanco

PRÁCTICA:

Pruebe a crear un documento en blanco:

1. Haga clic en Archivo para desplegar la vista Backstage.

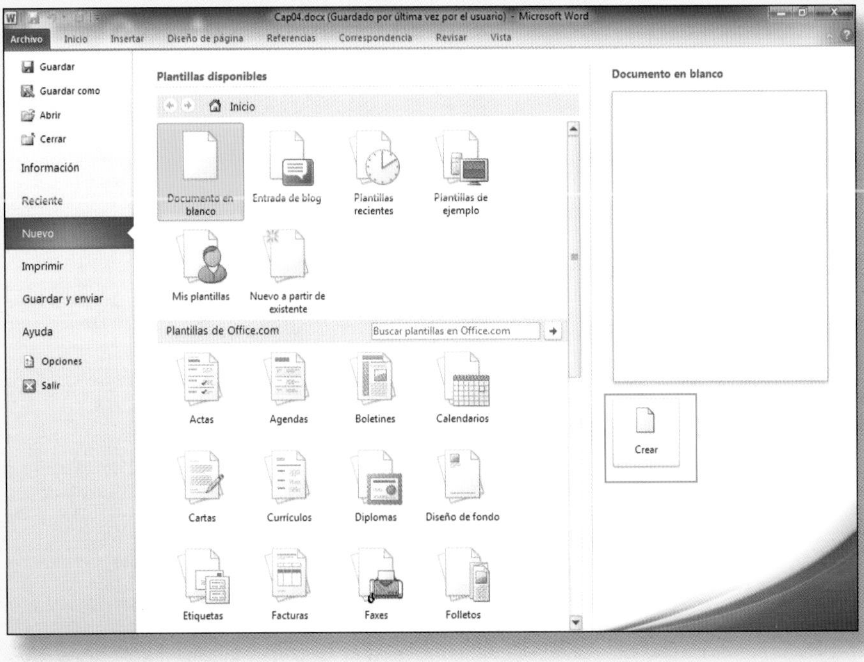

Figura 4.1. La ficha Nuevo de la vista Backstage.

2. Haga clic en la opción Nuevo, en la barra de opciones de la izquierda.
3. La opción Documento en blanco aparecerá seleccionada. Haga clic en Crear.

Crear una plantilla

PRÁCTICA:

Pruebe a crear una plantilla sencilla con los formatos que vimos en el capítulo anterior:

1. Haga clic en Archivo, después en Nuevo.
2. Haga clic en la opción Mis plantillas.
3. En el cuadro de diálogo Nueva, haga clic en el botón Plantilla, después en la plantilla Documento en blanco y finalmente en el botón **Aceptar**.

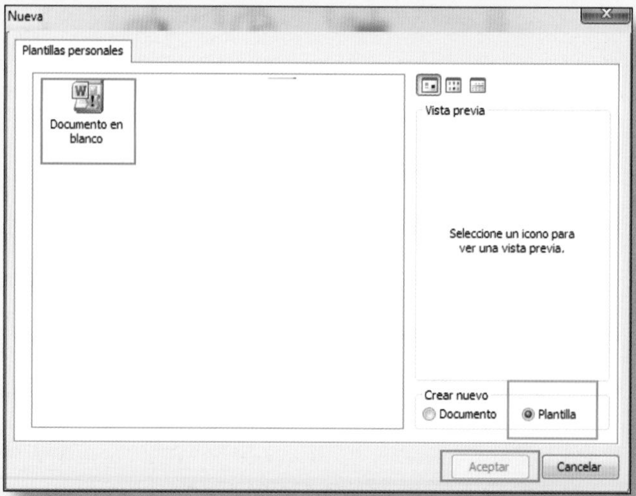

Figura 4.2. El cuadro de diálogo Nueva permite crear documentos o plantillas.

4. En el documento en blanco que se abre, haga clic en el comando Fuente y seleccione una fuente distinta a la predeterminada, por ejemplo, Arial.
5. Haga clic en el comando Tamaño de fuente y seleccione un tamaño más grande que el predeterminado, por ejemplo, 12 puntos.
6. Para que el documento tenga un interlineado sencillo en lugar del múltiple que viene como predeterminado, haga clic en el comando Espaciado entre líneas y párrafos y seleccione 1.0.
7. Escriba un texto en la parte superior del documento, por ejemplo, su nombre. Quedará como membrete en los documentos que cree con esta plantilla.
8. Haga clic en el botón **Guardar** de la barra de herramientas de acceso rápido. 
9. En el cuadro Guardar como, escriba un nombre para la plantilla en la casilla Nombre de archivo, por ejemplo, Mi plantilla, y haga clic en **Guardar**.

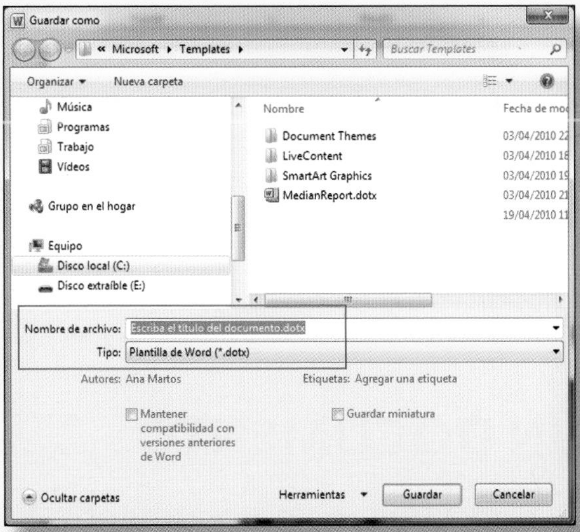

Figura 4.3. El cuadro de diálogo Guardar como indica que se trata de una plantilla.

Crear un documento a partir de una plantilla

PRÁCTICA:

Pruebe a crear un documento con la plantilla anterior:

1. Haga clic en Archivo y después en Nuevo.
2. En la ficha Nuevo, haga clic en Mis plantillas.
3. En el cuadro de diálogo Nueva, haga clic en la plantilla creada. Ahora debe dejar activado el botón de opción Documento, para no crear otra plantilla. Haga clic en **Aceptar**.
4. Escriba un texto y compruebe los estilos creados para la plantilla.

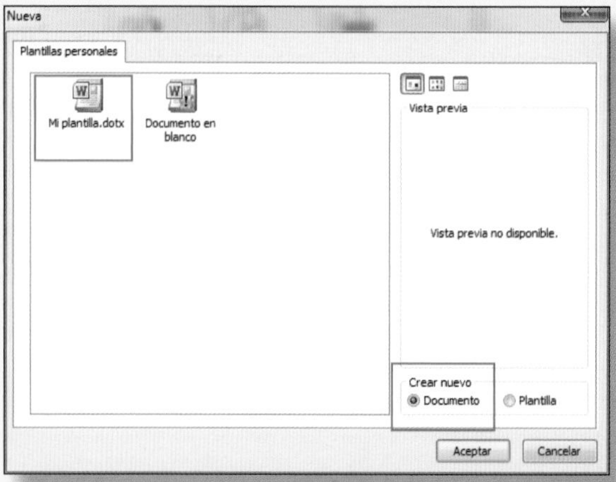

Figura 4.4. El cuadro de diálogo Nueva muestra la plantilla creada.

GUARDAR UN DOCUMENTO

Después del crear o modificar un documento, hay que guardarlo en el disco duro del ordenador para no perder el trabajo. Si intenta salir de Word o cerrar el documento, un cuadro de diálogo le preguntará si desea guardarlo.

La primera vez que guarde un documento, al hacer clic en el botón **Guardar**, aparecerá el cuadro de diálogo Guardar como que hemos visto al guardar la plantilla.

PRÁCTICA:

Guarde el documento creado con la nueva plantilla:

1. Haga clic en la pestaña Archivo.
2. Cuando se abra la vista Backstage, haga clic en la opción Guardar como, en la zona superior izquierda de la ventana.
3. En el cuadro de diálogo Guardar como, compruebe que la carpeta de destino en la que Word guardará el documento es la adecuada. De forma predeterminada, todos los documentos se guardan en la biblioteca Documentos, pero puede seleccionar cualquier carpeta en la zona la izquierda.
4. Escriba el nombre del documento en la casilla Nombre de archivo. Procure darle un nombre que lo identifique fácilmente.
5. Haga clic en el botón **Guardar**.

Nota: Si guarda una plantilla, no modifique la carpeta de destino. Word las guarda en un lugar predeterminado del disco duro. Si la guarda en otra carpeta, Word no podrá localizarla y quedará inservible.

Abrir un documento guardado

PRÁCTICA:

Pruebe a abrir el documento anterior:

1. Haga clic sobre la pestaña Archivo y después en la opción Abrir.
2. Localice la carpeta. Si lo guardó en Documentos, será la primera carpeta en la que Word tratará de localizar su archivo.
3. Haga clic en el nombre del documento para seleccionarlo.
4. Cuando el documento aparezca en la casilla Nombre de archivo, haga clic en el botón **Abrir**.

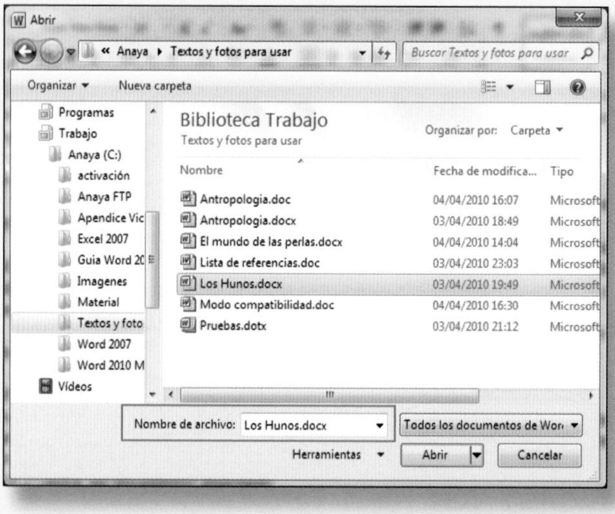

Figura 4.5. El cuadro de diálogo Abrir.

La opción Reciente

Si ha trabajado con el documento que quiere abrir, lo encontrará haciendo clic en Archivo y después en la opción Reciente.

Word 2010 guarda borradores de los documentos que se crean, de manera que, si se produce un fallo en el sistema o cualquier otro percance y el programa se cierra sin haber guardado un documento, podrá recuperarlo haciendo clic en la opción Reciente y seleccionando el documento que aparecerá con la indicación "(cuando se cerró sin guardar)".

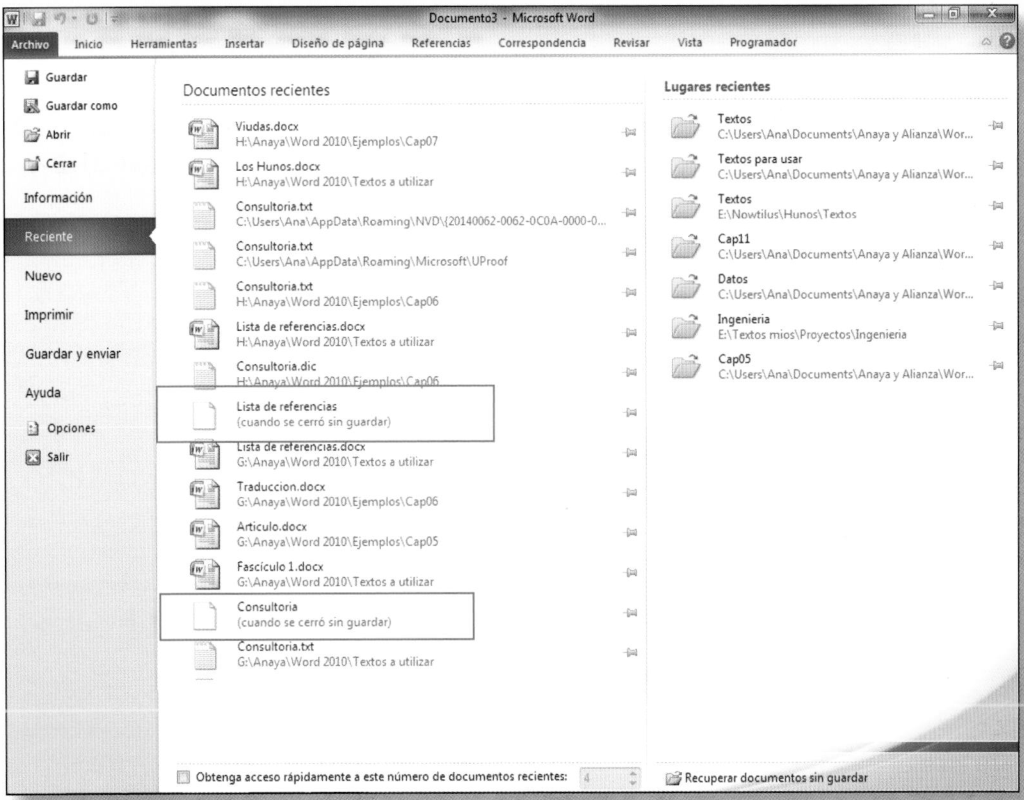

Figura 4.6. La opción Reciente muestra documentos guardados y sin guardar.

Nota: También puede abrir cualquier documento de Word localizándolo en el Explorador de Windows y haciendo doble clic en él.

El modo de compatibilidad

Si tiene un documento creado con una versión anterior de Word, Word 2010 lo abrirá en modo de compatibilidad, lo que podrá comprobar en la barra de título del documento.

Figura 4.7. El modo de compatibilidad aparece en la barra de título.

En modo de compatibilidad, algunas de las funciones del programa quedarán deshabilitadas, por ejemplo, los Efectos de texto. La única forma de habilitar esas funciones es convertir el documento a la versión actual haciendo clic en la pestaña Archivo y después en la opción Convertir que aparece únicamente cuando el documento está en modo de compatibilidad. Word advertirá que quizá se modifique el diseño, pero generalmente esto no sucede, a menos que el documento tenga un diseño muy complejo y la versión sea muy antigua.

EL PANEL DE NAVEGACIÓN

El panel de navegación se acopla a la zona izquierda de la pantalla y muestra los títulos, secciones o páginas del texto, lo que permite desplazarse a un título, página o epígrafe haciendo clic en el panel. También tiene una casilla de búsquedas.

Si el panel de navegación no está visible, haga clic en la ficha Vista de la cinta de opciones y seleccione el comando Panel de navegación, del grupo Mostrar. Para cerrarlo haga clic en el botón **Cerrar** de la esquina superior derecha, que tiene forma de aspa. Puede verlo marcado en la figura 4.8.

Buscar y reemplazar texto

PRÁCTICA:

Pruebe a localizar una palabra en un documento.

1. Abra el documento en Word y, si el panel de navegación no está visible, haga clic en el comando Buscar del grupo Edición de la ficha Inicio.

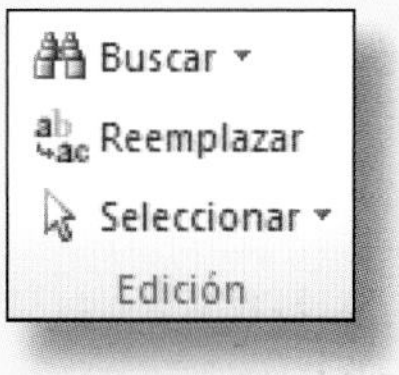

2. Haga clic en la casilla de búsquedas del panel de navegación y escriba la palabra a buscar. El texto mostrará resaltadas las palabras que coincidan con su búsqueda, como se ve en la figura 4.8.

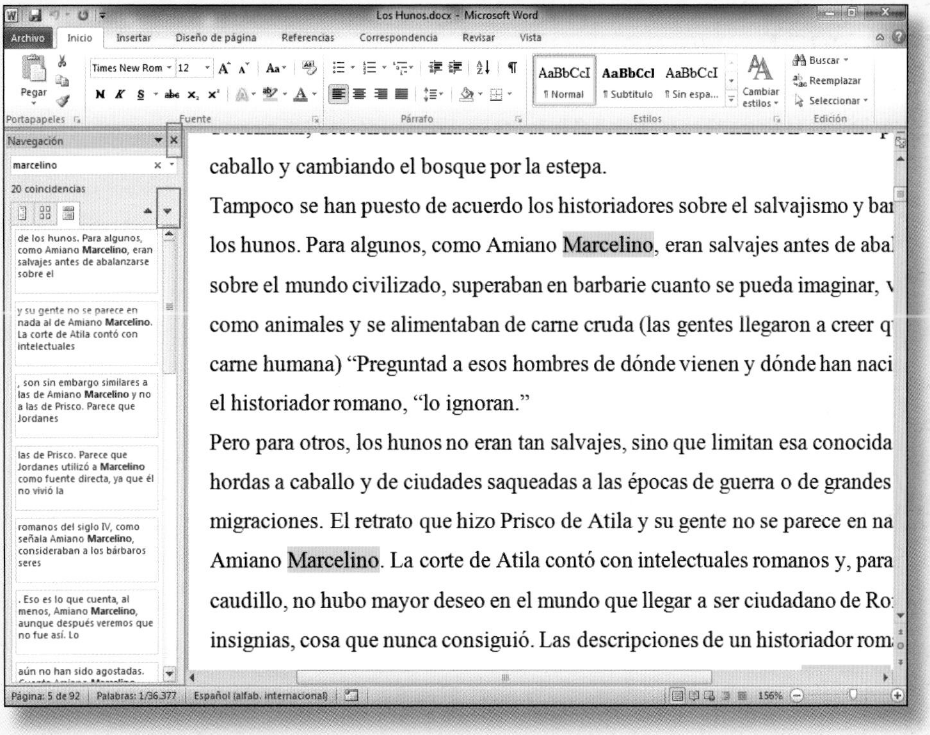

Figura 4.8. El panel de navegación muestra el documento y la palabra buscada.

3. Haga clic en la flecha Siguiente para pasar a la siguiente coincidencia. Está marcada en rojo en la figura. Junto a ella está la flecha Anterior para saltar a la coincidencia anterior.

PRÁCTICA:

Pruebe a reemplazar una palabra por otra. Suponga que desea sustituir en un texto la palabra "gobernador" por la palabra "gobernante".

1. Abra el documento en Word.
2. Haga clic en el comando Reemplazar del grupo Edición de la ficha Inicio.
3. En el cuadro de diálogo Buscar y reemplazar, escriba la palabra "gobernador" en la casilla Buscar. Escriba la palabra "gobernante" en la casilla Reemplazar con.

- Para reemplazar automáticamente todas las palabras "gobernador" por "gobernante", haga clic en el botón **Reemplazar todo**.
- Para controlar uno a uno los reemplazos, haga clic en el botón **Buscar siguiente**. Cuando aparezca la primera palabra, haga clic en **Reemplazar** para cambiarla o en **Buscar siguiente** para seguir a la siguiente.

Búsqueda exacta

Suponga que tiene que buscar la palabra "pan" en un texto largo. Si escribe "pan" en la casilla de búsquedas, Word localizará todas las palabras que contengan la palabra "pan" como "pantalón", "pantano", "empanar", etc. Por tanto, es preciso decirle que busque sólo palabras exactas.

PRÁCTICA:

Pruebe a buscar una palabra exacta:

1. Haga clic en el comando Reemplazar. Cuando se abra el cuadro de diálogo Buscar y reemplazar, haga clic en la pestaña Buscar.
2. Escriba la palabra "pan" en la casilla Buscar.
3. Haga clic en el botón **Más** para desplegar la parte inferior del cuadro de diálogo.
4. Haga clic en la casilla de verificación Sólo palabras completas.
5. Haga clic en **Buscar siguiente**.

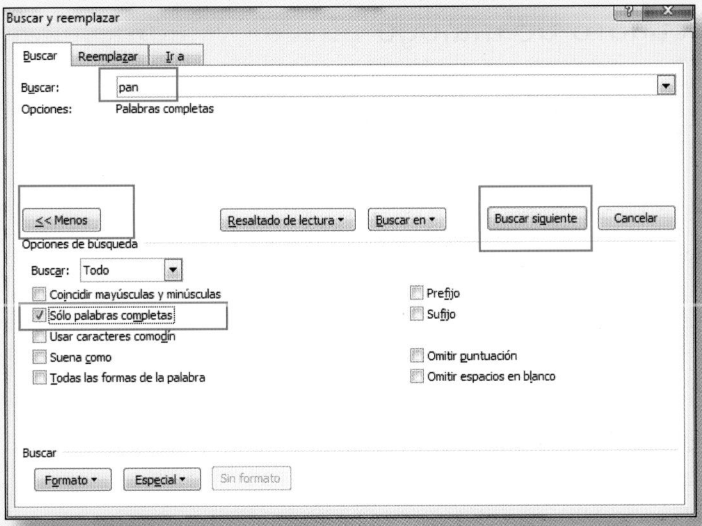

Figura 4.9. El cuadro de diálogo Buscar permite buscar palabras exactas.

De la misma forma, puede reemplazar una palabra exacta. Suponga que tiene que reemplazar "caso" por "Casos". No solamente ha de localizar la palabra exacta, sino cambiarla por otra en mayúsculas. Word no tiene en cuenta las mayúsculas y minúsculas, por lo que es preciso especificarlo.

1. Haga clic en el comando Reemplazar.
2. En el cuadro de diálogo Buscar y reemplazar, escriba la palabra "caso" en la casilla Buscar y escriba la palabra "Casos" en la casilla Reemplazar con.
3. Haga clic en el botón **Más** para desplegar la parte inferior del cuadro de diálogo.
4. Haga clic en la casilla de verificación Sólo palabras completas. Si ya está marcada de la práctica anterior, no haga clic en ella, pues la desactivaría.
5. Haga clic en la casilla de verificación Coincidir mayúsculas y minúsculas.
6. Haga clic en el botón **Reemplazar todo**.

Nota: Si necesita cambiar todas las mayúsculas por minúsculas en un trozo de texto, selecciónelo arrastrando el ratón sobre él y después haga clic en el botón **Cambiar mayúsculas y minúsculas**, del grupo Fuente de la ficha Inicio.

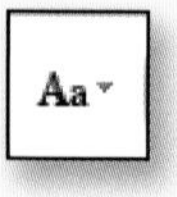

También puede cambiar las mayúsculas y minúsculas de un texto seleccionándolo y pulsando a la vez las teclas **Mayús** y **F3**. Pruebe a pulsarlas repetidas veces para ver el efecto.

LOS ELEMENTOS RÁPIDOS

Si tiene un texto, una frase, una imagen o cualquier objeto que necesite insertar con frecuencia en cualquier documento, puede crear un bloque y tenerlo siempre disponible para utilizarlo.

PRÁCTICA:

Pruebe a guardar un párrafo con sus datos personales que puede incorporar cuando escriba una carta a modo de membrete o en la firma.

1. Escriba el texto y selecciónelo arrastrando el ratón sobre él. Puede ser tan largo como quiera y contener imágenes.
2. Haga clic en la ficha Insertar.
3. Haga clic en el comando Elementos rápidos que se encuentra en el grupo Texto.
4. Haga clic en la opción Guardar selección en una galería de elementos rápidos. Se encuentra al final del menú que se despliega. Está marcada en la figura 4.10.
5. El cuadro de diálogo Crear nuevo bloque de creación propondrá un nombre para el bloque de texto. Si lo desea, puede modificarlo escribiendo un nuevo nombre encima, por ejemplo, "Datos personales" o "membrete".
6. Haga clic en el botón **Aceptar**.

PRÁCTICA:

Pruebe ahora a utilizar el bloque guardado.

1. Haga clic en el lugar del documento en el que quiera insertar el bloque.

2. A continuación, haga clic en Elementos rápidos para desplegar el menú.
3. Haga clic en el bloque de texto que ha guardado. Aparecerá al final del menú desplegable. Si no lo ve, haga clic en el botón de desplazamiento de la derecha y arrástrelo hacia abajo para acceder al final del menú.

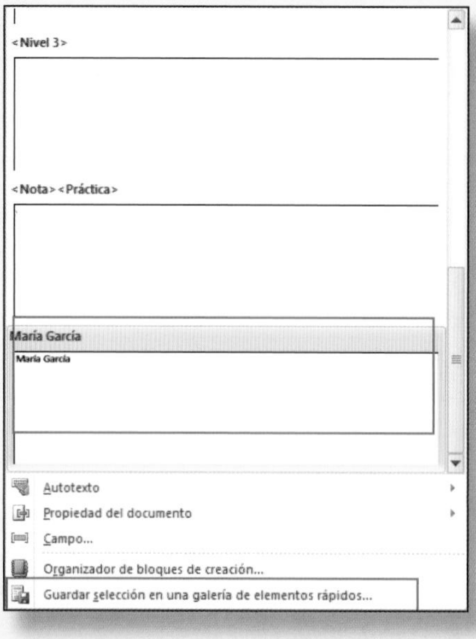

Figura 4.10. El menú Elementos rápidos con los bloques de creación guardados.

IMPRIMIR UN DOCUMENTO

PRÁCTICA:

Después de guardar el documento, imprímalo.

1. Haga clic en la pestaña Archivo.
2. Haga clic en la opción Imprimir.

3. Observe la vista preliminar del documento. Así es como quedará en la impresora. A la izquierda de la vista preliminar encontrará todas las opciones necesarias para controlar la impresión, como el número de copias, el tamaño del papel, etc. Compruebe que todo es correcto.
4. Si necesita modificar, por ejemplo, los márgenes, haga clic en la flecha abajo de la opción Márgenes normales y elija otro tipo de márgenes. También puede hacer clic en Configurar página, en la parte inferior de la ventana, para cambiar los márgenes o el tamaño del papel.
5. Cuando todo sea correcto, haga clic en el botón **Imprimir**.

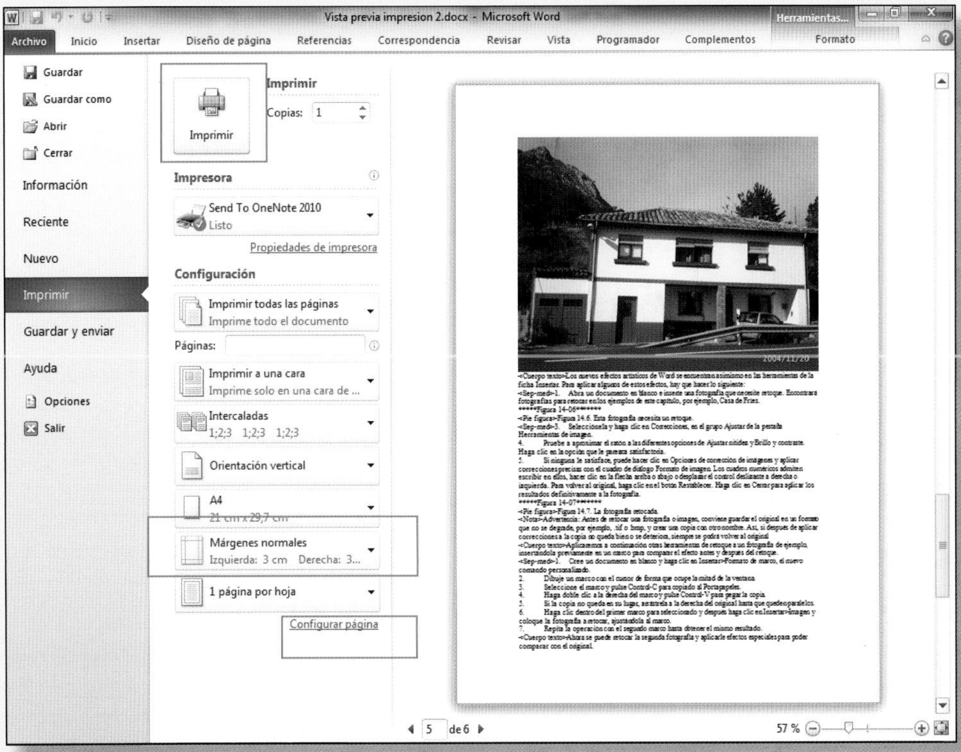

Figura 4.11. La vista preliminar del documento y las opciones para configurar la impresión.

Nota: Si agregó el comando Impresión rápida a la barra de herramientas de acceso rápido en el capítulo 1, puede utilizarlo para imprimir un documento con las últimas opciones de impresión que haya utilizado. Si no las ha modificado, se imprimirá con las opciones predeterminadas.

Imprimir un sobre

PRÁCTICA:

Si ha escrito una carta, puede imprimir el sobre fácilmente:

1. Haga clic y arrastre el ratón sobre la carta, para seleccionar el nombre y la dirección del destinatario. Asegúrese de que está completa y es correcta.
2. Haga clic en Correspondencia de la cinta de opciones.
3. Haga clic en el comando Sobres del grupo Crear.

4. Cuando se abra el cuadro de diálogo Sobres y etiquetas, compruebe que es correcto. Si lo desea, puede escribir el remite.
5. Haga clic en el botón **Imprimir**.

Nota: Recuerde que puede quitar el espaciado del párrafo de la dirección haciendo clic en la opción Sin espaciado del panel de tareas Estilos, como vimos en el capítulo 3.

COMPARTIR UN DOCUMENTO

Word 2010 permite guardar documentos en el espacio personal de Windows Live, en Internet. Una vez alojado, se puede acceder al documento simplemente con el navegador, sin necesidad de utilizar Word o con el teléfono móvil, si dispone de conexión a Internet.

Obtenga Windows Live

Para utilizar esta plataforma, es preciso descargar e instalar Windows Live Essentials. Es un proceso muy sencillo que se inicia haciendo clic en el menú Iniciar de Windows y después seleccionando Todos los programas>Accesorios>Tareas iniciales>Conectarse para obtener Windows Live Essentials. Siga las instrucciones del Asistente para descargar el programa e instalarlo. Si tiene una cuenta de correo electrónico en Hotmail, esa misma cuenta y su contraseña le servirán como identificador para Windows Live. Si no la tiene, la obtendrá fácilmente a través de las instrucciones del Asistente.

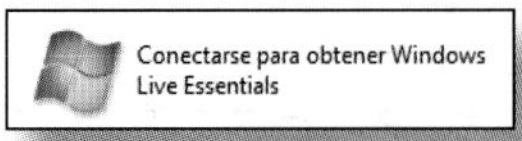

Podrá acceder a su cuenta en Windows Live en cualquier momento, haciendo clic en el botón **Iniciar sesión** de la barra de herramientas que se instala con el programa. Se llama Windows Live Toolbar y la encontrará en la parte superior de la ventana de Internet Explorer. También puede hacer clic en los botones **Windows Live** o **Perfil**.

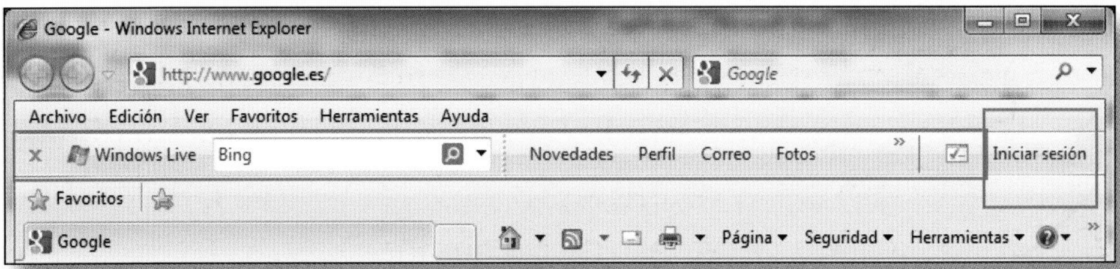

Figura 4.12. La Windows Live Toolbar tiene botones para iniciar sesión.

Guardar un documento en Windows Live

PRÁCTICA:

Pruebe a guardar un documento en Windows Live.

1. Haga clic en Archivo y seleccione Guardar y enviar.
2. En vista Backstage, haga clic en Guardar en la Web.
3. Cuando aparezca el botón **Iniciar sesión** (tarda unos segundos), haga clic en él para acceder a su cuenta en Windows Live.
4. Escriba su nombre de usuario y su contraseña. Haga clic en Recordar mis credenciales para evitar escribir estos datos la próxima vez.

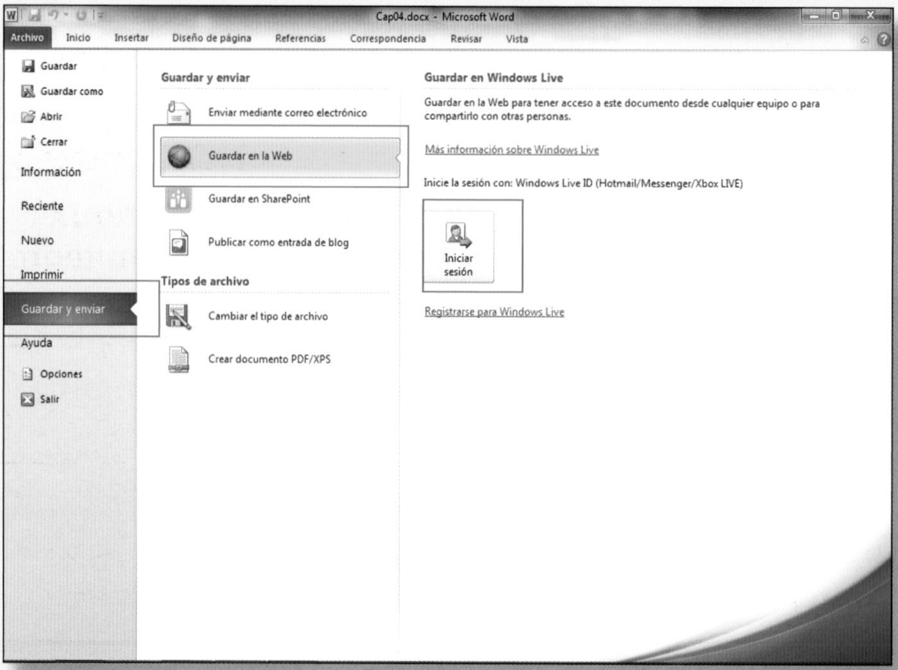

Figura 4.13. La opción Guardar y enviar permite guardar un documento en Internet.

5. En Carpetas compartidas, haga clic sobre Pública.

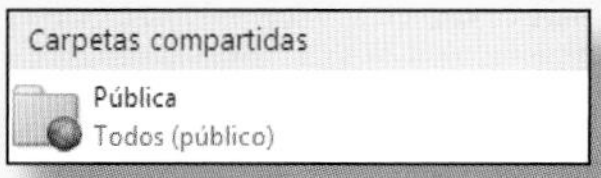

6. Haga clic en Guardar como, escriba un nombre para el documento y haga clic en **Guardar**.

La barra de estado de Word mostrará la indicación "cargando al servidor" mientras carga el documento en Windows Live.

Acceder al documento en Windows Live

PRÁCTICA:

Acceda al documento en Windows Live sin utilizar Word.

1. En primer lugar, pondremos en marcha Internet Explorer.
2. Haga clic en **Iniciar sesión** y escriba su contraseña.
3. Aparecerá un nuevo botón con su nombre en la Windows Live Toolbar. Haga clic en el botón negro **Ver tu perfil** o haga clic en su nombre para desplegar el menú y seleccione Ver tu perfil. (Véase figura 4.14)
4. Haga clic en el documento que ha guardado.
5. Haga clic en Ver para abrir el documento en el navegador. (Véase figura 4.15)
6. Para compartir el documento con sus amistades, haga clic en Más y seleccione Compartir en el menú desplegable.

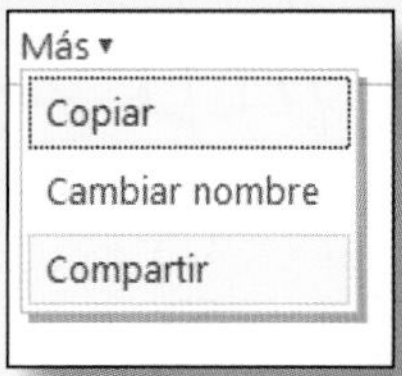

7. En la sección Enviar un vínculo, haga clic en Envía un vínculo a este elemento.

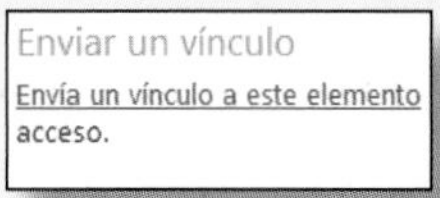

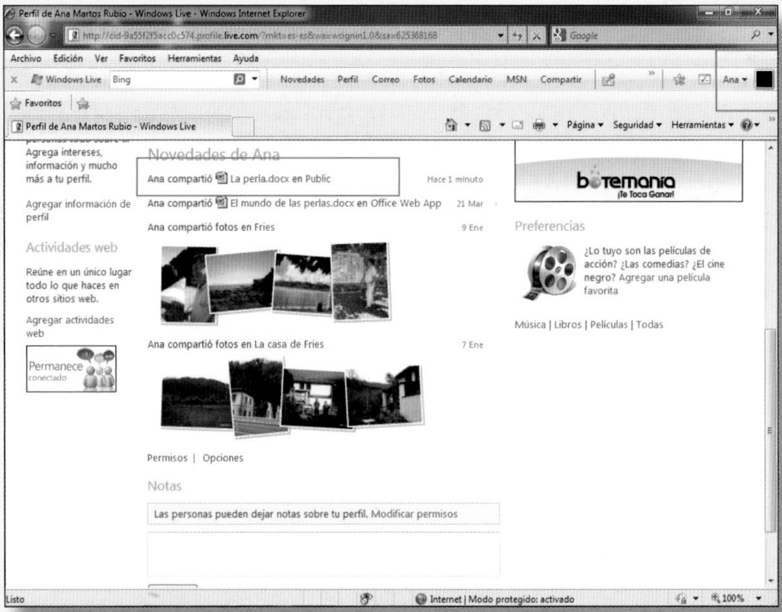

Figura 4.14. En su perfil de usuario aparecen todos los documentos y fotografías que haya colocado en Windows Live.

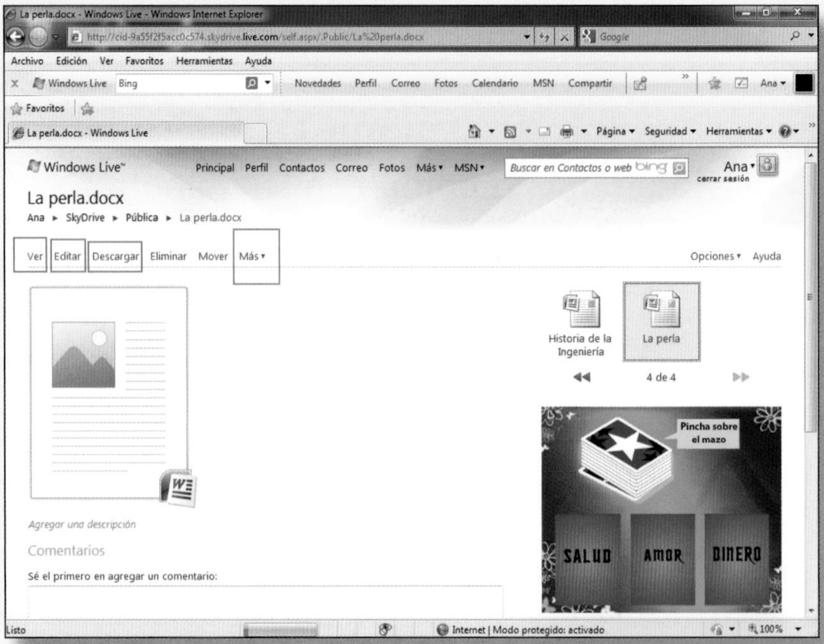

Figura 4.15. El documento en Windows Live. Ahora puede verlo, editarlo, descargarlo o compartirlo.

8. Haga clic en la casilla Para y escriba la dirección de correo electrónico. Si tiene contactos en Windows Live, haga clic en el botón **Para** y seleccione las direcciones.
9. Escriba un mensaje si lo desea. Si los destinatarios no están registrados en Windows Live, haga clic en la casilla de verificación No exigir que los destinatarios inicien sesión con Windows Live ID.

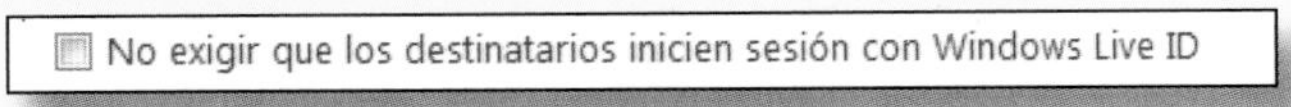

Figura 4.16. Se puede evitar que los destinatarios precisen registrarse en Windows Live.

10. Haga clic en **Enviar**. El destinatario recibirá un mensaje por correo electrónico con un botón para acceder al documento sin necesidad de disponer de Word ni de Windows Live.

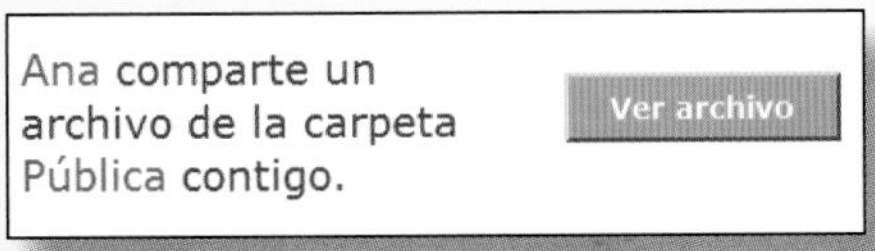

Figura 4.17. El destinario recibe un mensaje con acceso al documento.

5

Revise sus documentos con Word 2010

Después de escribir un documento, hay que revisarlo para corregir errores o mejorarlo en lo posible.

CORRECCIONES ORTOGRÁFICAS Y GRAMATICALES

Además de los errores ortográficos, Word puede detectar errores gramaticales en un escrito.

Ortografía sobre la marcha

Cuando se escribe un texto, Word compara las palabras escritas con las que contienen sus diccionarios. Si no encuentra en sus diccionarios una de esas palabras, la subraya con una línea ondulada roja, para indicar al usuario que es una palabra desconocida. Esta opción se llama Ortografía mientras escribe y puede resultar muy útil o muy incómoda.

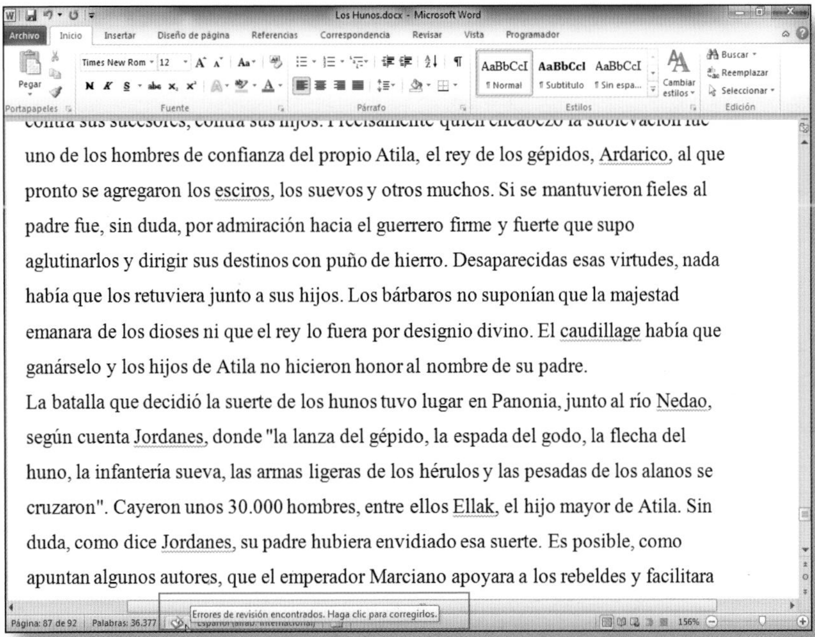

Figura 5.1. Las correcciones de Word sobre la marcha pueden ser correctas o incorrectas.

La figura 5.1 muestra un texto con las líneas onduladas de corrección sobre la marcha. La mayoría no son erratas, sino que Word no ha encontrado en sus diccionarios palabras como "esciros" (un pueblo germánico) o "Jordanes" (historiador del siglo VI autor de una historia de los godos). Sin embargo, otras están escritas incorrectamente como "caudillage".

En la parte inferior de la ventana puede ver el botón **Errores de revisión encontrados**, en la barra de estado.

PRÁCTICA:

Pruebe a corregir un texto sobre la marcha.

1. Haga clic en el botón **Errores de revisión encontrados** de la barra de estado, para ir al primer error. Word mostrará un menú contextual con opciones de corrección.

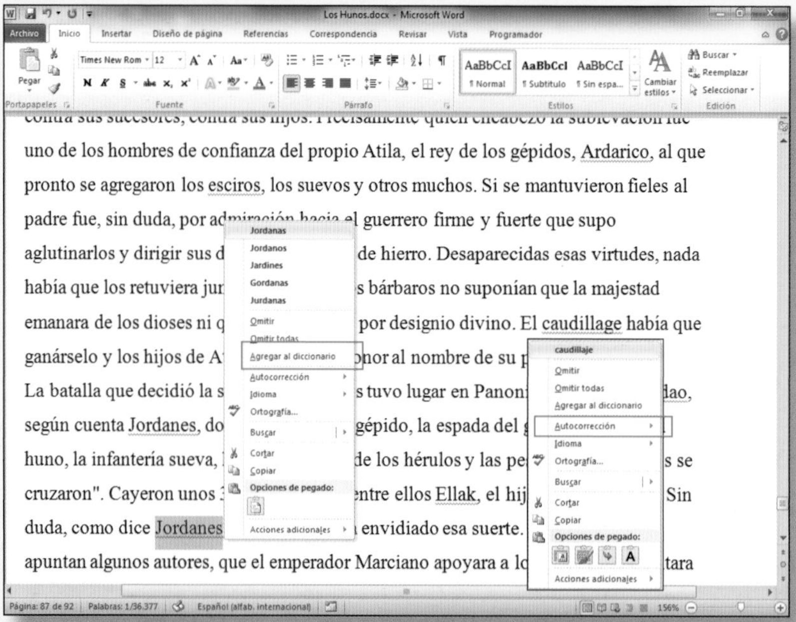

Figura 5.2. El corrector de Word ofrece varias opciones.

- Si la palabra es correcta, haga clic en la opción Agregar al diccionario para que Word no la subraye la próxima vez que la encuentre.
- Si no desea agregarla al diccionario de Word, por ejemplo, por ser una palabra extranjera, en argot o poco usual, haga clic en la opción Omitir.
- Si Word conoce más de una palabra posible para sustituir a la palabra errónea, las sugerirá para que elija la más conveniente.

La opción Ortografía y gramática

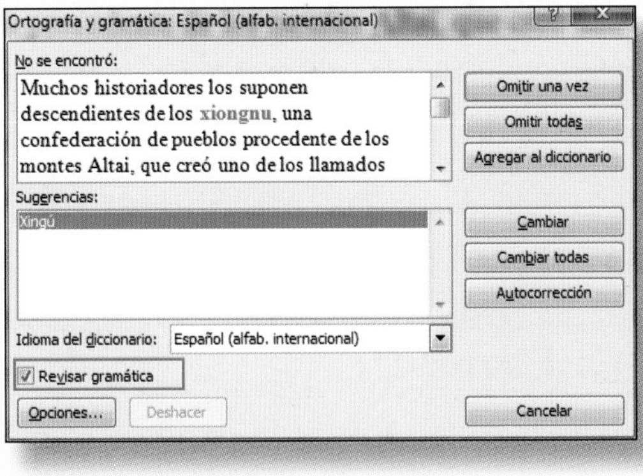

Figura 5.3. El cuadro de diálogo Ortografía y gramática ha localizado un posible error.

Hay varias formas de acceder al corrector ortográfico de Microsoft Word 2010:

- Mediante el botón **Errores de revisión encontrados**, como acabamos de ver.
- Haciendo clic con el botón derecho sobre la palabra señalada para abrir el menú contextual.
- Haciendo clic en la opción Ortografía y gramática de la ficha Revisar.

PRÁCTICA:

Pruebe a utilizar la opción Ortografía y gramática de Word 2010:

1. Abra el texto que quiera revisar.
2. Haga clic en la opción Ortografía y gramática de la ficha Revisar.

3. Cuando el programa detecte una palabra mal escrita, se detendrá para sugerir correcciones como muestra la figura 5.3. Haga clic en el botón **Cambiar** para sustituir la palabra incorrecta por la que Word sugiere o seleccione otra entre las que sugiere y haga clic en **Cambiar**.
4. Si es una palabra repetida a lo largo del escrito, haga clic en **Cambiar todas**.
5. Si Word no ofrece una palabra adecuada para sustituir la palabra incorrecta, escríbala directamente encima de la palabra señalada en rojo en el cuadro de diálogo y haga clic en **Cambiar**.

Nota: Si Word encuentra una palabra repetida, por ejemplo, "el el libro", el cuadro de diálogo Ortografía y gramática sugerirá eliminarla. Si no desea eliminarla, haga clic en el botón **Omitir una vez**.

Si el texto no está escrito en español, seleccione el idioma antes de revisarlo, haga clic en el botón **Idioma**, situado en el grupo Revisión de la ficha Revisar. Seleccione en el menú la opción Establecer idioma de corrección.

Corregir la gramática

De forma predeterminada, Word señala también los errores gramaticales del texto subrayándolos con una línea ondulada de color verde.

Nota: Para impedir que Word corrija los errores gramaticales junto con los ortográficos, haga clic en la casilla de verificación Revisar gramática del cuadro de diálogo Ortografía y gramática, para desactivarla. Esta casilla aparece marcada, es decir, activada, en la figura 5.3.

La ficha Revisión

Word tiene opciones para personalizar la forma de trabajar. Todas ellas están reunidas en la ficha Revisión del cuadro de diálogo Opciones de Word.

PRÁCTICA:

A continuación, analice algunas opciones de la ficha Revisión:

1. Haga clic en la pestaña Archivo y seleccione Opciones en la vista Backstage. Está casi al final de la lista de opciones de la izquierda.
2. En el cuadro de diálogo Opciones de Word, haga clic en la opción Revisión, situada en la lista de opciones de la izquierda.

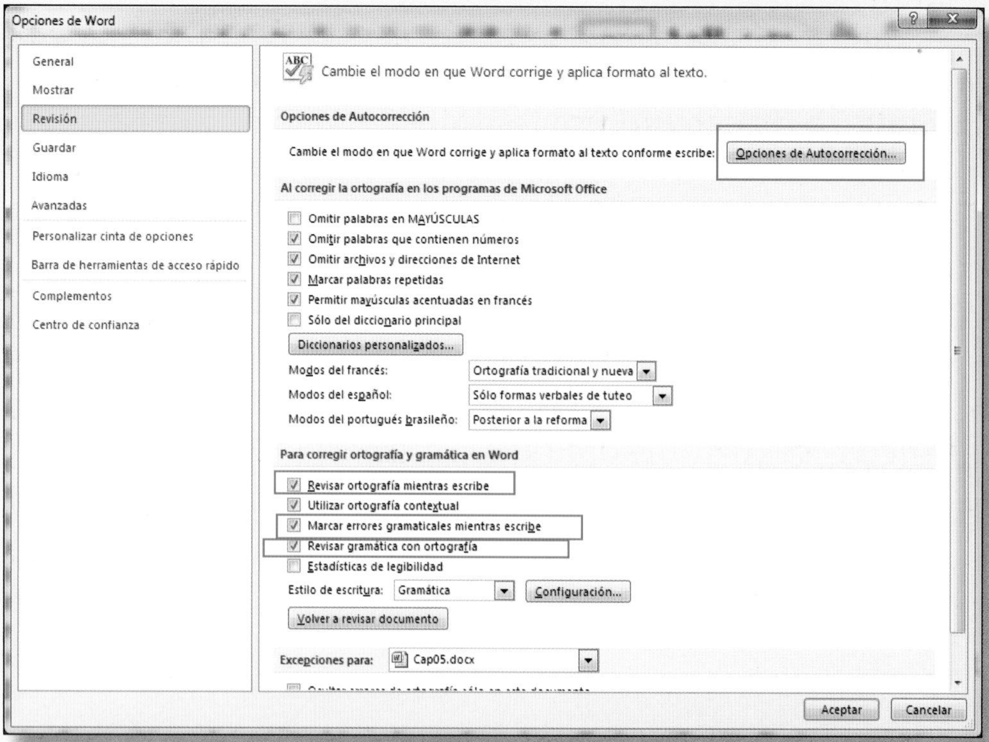

Figura 5.4. La ficha Revisión con todas las opciones para personalizar la corrección de textos.

Observe las opciones marcadas en rojo en la figura 5.4. La primera de ellas es Revisar ortografía mientras escribe. Está activada de forma predeterminada, lo que se aprecia porque la casilla de verificación correspondiente tiene una marca.

Ahora puede hacer que Word no revise sus documentos mientras escribe, sino que usted pueda revisarlos cuando lo desee, poniendo en marcha el cuadro de diálogo Ortografía y gramática como hemos hecho anteriormente. Para evitar las líneas rojas onduladas de Word, haga clic en la casilla de verificación Revisar ortografía mientras escribe para eliminar la marca y desactivarla. En cualquier momento podrá volverla a activar haciendo clic en ella.

La segunda opción es Marcar errores gramaticales mientras escribe. También está activada de forma predeterminada y hace que Word subraye en verde las palabras o frases en las que detecte una incorrección gramatical. Si lo desea, puede desactivar esta casilla y aplicar la corrección gramatical en cualquier momento con el cuadro de diálogo Ortografía y gramática.

La tercera opción es Revisar gramática con ortografía y hace que el cuadro de diálogo Ortografía y gramática señale errores tanto ortográficos como gramaticales.

Si desea que ese cuadro de diálogo solamente busque errores ortográficos, puede desactivar esta casilla de verificación.

Cuando quiera revisar la gramática, solamente tendrá que hacer clic en la casilla de verificación Revisar gramática en el cuadro de diálogo Ortografía y gramática. Está marcada con un recuadro rojo en la figura 5.3.

LAS OPCIONES DE AUTOCORRECCIÓN

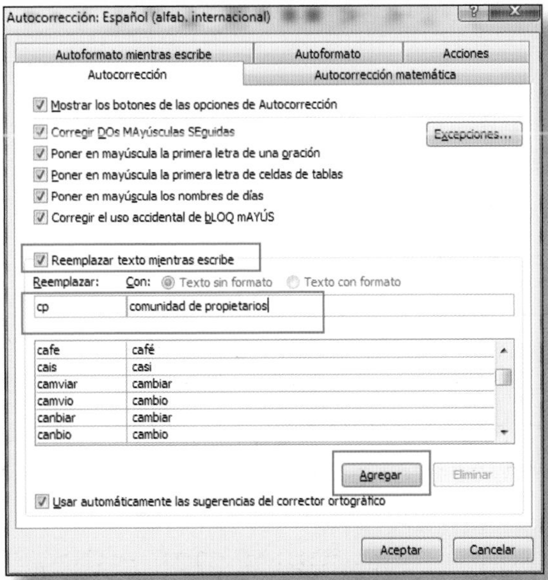

Figura 5.5. El cuadro de diálogo Autocorrección.

La opción Autocorrección corrige automáticamente algunos errores ortográficos previamente definidos. Word 2010 trae algunos ya incluidos pero usted puede incluir tantos como desee. Por ejemplo, Word trae incluida la corrección automática de "acer" por "hacer".

PRÁCTICA:

Pruebe los elementos de autocorrección que Word trae incluidos:

1. Escriba "y izquierda". Se transformará automáticamente en "e izquierda".
2. Escriba "¿porque". Se transformará automáticamente en "¿Por qué".
3. Escriba (c). Se transformará automáticamente en el símbolo del *copyright* ©.

Toda esa información está contenida en un cuadro de diálogo que le permite cambiar, eliminar o añadir elementos. Por ejemplo, suponga que desea acortar el tiempo y el trabajo que supone escribir la palabra "automáticamente" o la expresión "comunidad de propietarios". También puede corregir una errata que cometa habitual e involuntariamente.

PRÁCTICA:

Pruebe a incluir dos nuevos elementos en las opciones de Autocorrección:

1. Haga clic en la pestaña Archivo y seleccione Opciones.
2. Haga clic en la opción Revisión, en la lista de la izquierda, para acceder a la ficha Revisión.

3. Haga clic en el botón **Opciones de Autocorrección**. Puede verlo señalado en la figura 5.4.
4. En el cuadro de diálogo Autocorrección, localice la casilla de verificación Reemplazar texto mientras escribe. Está señalada en la figura 5.5.
5. En la casilla Reemplazar, escriba "cp".
6. En la casilla Con, escriba "comunidad de propietarios". Si lo desea, puede escribirlo con mayúsculas iniciales. Word lo tendrá en cuenta.
7. Haga clic en el botón **Agregar**.
8. En la casilla Reemplazar, escriba "aut".
9. En la casilla Con, escriba "automáticamente".
10. Haga clic en el botón **Agregar** y después en **Aceptar**.

A partir de ese momento, cada vez que escriba "cp", Word lo reemplazará automáticamente por "comunidad de propietarios" o "Comunidad de Propietarios", según lo haya escrito en la casilla Con. En cualquier momento puede cambiar un elemento o eliminarlo, tanto si lo ha introducido usted como se trata de un elemento incluido por Word. Por ejemplo, si no desea que Word reemplace automáticamente (c) por el símbolo del *copyright*, puede hacer lo siguiente:

PRÁCTICA:

Pruebe a anular o eliminar un elemento de Autocorrección de Word:

1. Escriba "(c)".
2. Cuando Word reemplace la "c" entre paréntesis por el símbolo del *copyright* ©, puede anular la corrección automática de dos formas:

a) Haciendo clic en el botón **Deshacer** de la barra de herramientas de acceso rápido.

b) Acercando el ratón a la palabra corregida y cuando aparezca una pequeña línea azul, haciendo clic en el icono Opciones de autocorrección. Esto le dará acceso a un menú en el que seleccionar: o bien volver a la palabra anterior a la corrección (en este caso, (c)), o bien detener la corrección automática o bien abrir el cuadro de diálogo para controlar las opciones de Autocorrección.

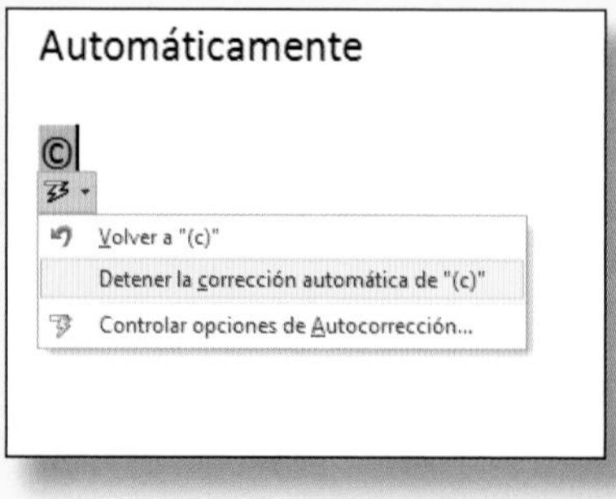

Figura 5.6. El botón y el menú Opciones de Autocorrección.

PRÁCTICA:

Personalice las opciones de Autocorrección.

1. Acceda al cuadro de diálogo Autocorrección haciendo clic en el botón **Opciones de Autocorrección** de la ficha Revisión.

2. Haga clic en el elemento a eliminar que, en este caso, aparece el primero de la lista. Si se trata de un elemento que se encuentre más abajo,

puede localizarlo haciendo clic en el botón de desplazamiento y arrastrando hacia abajo. Los elementos están ordenados alfabéticamente.

3. Cuando el elemento se encuentre en las casillas Reemplazar y Con, haga clic en el botón **Eliminar**.
4. Haga clic en el botón **Aceptar**.

Nota: Para abrir el cuadro de diálogo Opciones de Autocorrección, si tiene activada la corrección ortográfica mientras escribe, puede hacer clic con el botón derecho en una palabra marcada con la línea roja ondulada y seleccionar en el menú contextual Autocorrección y luego Opciones de Autocorrección.

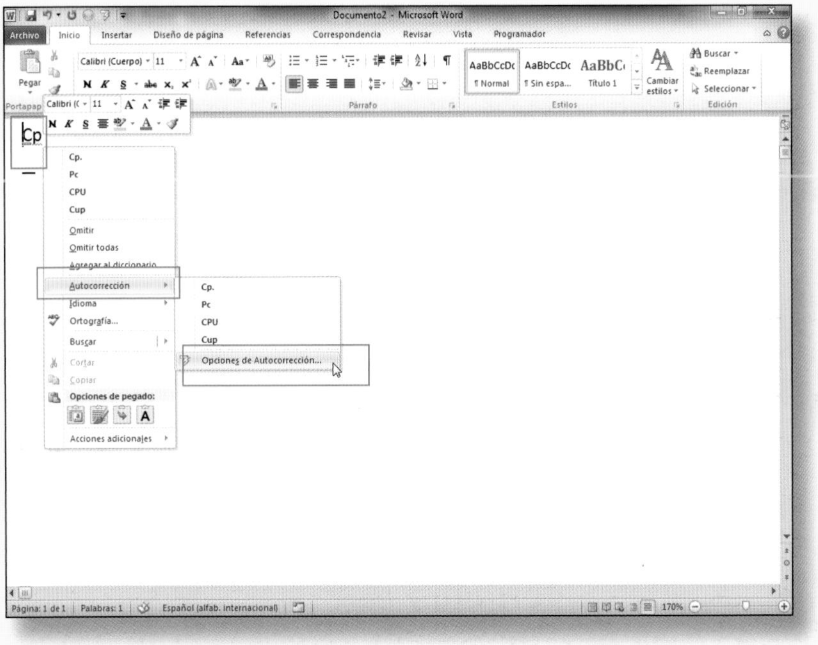

Figura 5.7. Acceso a Autocorrección.

Si lo que desea es modificar un elemento, por ejemplo, en lugar de reemplazar "cp" automáticamente por "comunidad de propietarios", reemplazarlo por "cantos populares", haga lo siguiente.

PRÁCTICA:

Modifique un elemento de Autocorrección:

1. Acceda al cuadro de diálogo Autocorrección.
2. Escriba "cp" en la casilla Reemplazar.
3. Escriba "cantos populares" en la casilla Con.
4. Haga clic en el botón **Modificar**.
5. Haga clic en el botón **Aceptar**.

Añada Autocorrección a la barra de herramientas

En el capítulo 1 agregamos un comando a la barra de herramientas de acceso rápido para tenerlo disponible en cualquier momento con un simple clic. Agregaremos ahora las opciones de Autocorrección.

Nota: Si encuentra más cómodo situar la barra de herramientas de acceso rápido debajo de la cinta de opciones, en lugar de en la parte superior de la ventana, puede moverla fácilmente. Haga clic en la flecha abajo situada al final de la barra, para desplegar el menú, y seleccione la opción Mostrar debajo de la cinta de opciones. Puede verla en la figura 5.8.

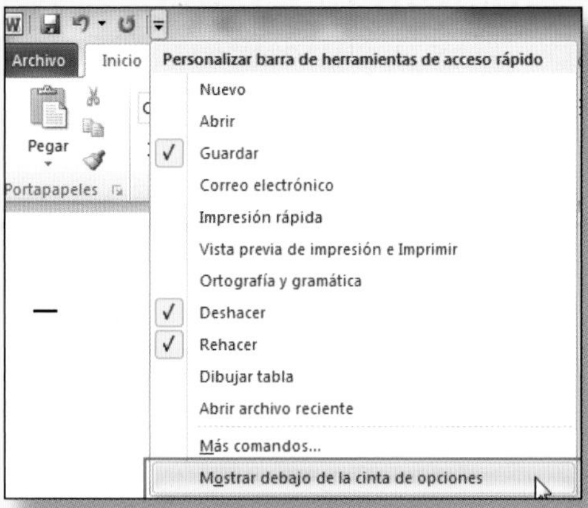

Figura 5.8. El menú Personalizar la barra de herramientas de acceso rápido.

PRÁCTICA:

Pruebe a agregar las opciones de Autocorrección a la barra de herramientas de acceso rápido.

1. Haga clic en la opción Más comandos del menú de la barra de herramientas de acceso rápido.
2. En la ficha Barra de herramientas de acceso rápido, haga clic en la flecha abajo de la opción Comandos más utilizados, para desplegar la lista. Se halla en la parte superior y aparece señalada en la figura 5.9.
3. Cuando se despliegue la lista, haga clic en la opción Comandos que no están en la cinta de opciones.
4. Haga clic en el botón de desplazamiento y arrástrelo hacia abajo para acceder a los comandos de la parte inferior de la lista. Están ordenados alfabéticamente. Localice Opciones de Autocorrección. Hay dos:

Opciones de Autocorrección (AutoManager) y Opciones de Autocorrección (AutoCorrect). Cualquiera de los dos da acceso a las opciones de Autocorrección.

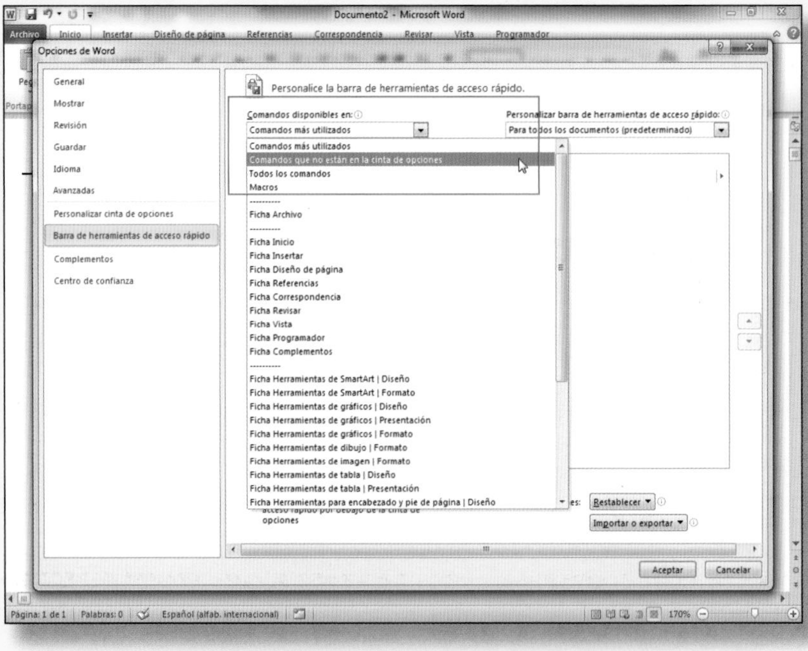

Figura 5.9. La lista Comandos más utilizados ofrece numerosos comandos.

6. Haga clic en cualquiera de los dos comandos y luego en el botón **Agregar**. Observe que la parte derecha de la ventana muestra los botones de la barra de herramientas de acceso rápido.
7. Haga clic en **Aceptar**. Cuando precise acceder al cuadro de diálogo Opciones de Autocorrección, sólo tendrá que hacer clic en el nuevo botón de la barra de herramientas de acceso rápido.

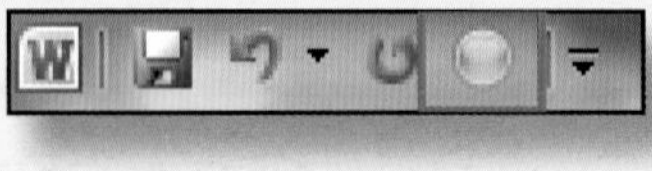

Figura 5.10. La barra de herramientas de acceso rápido con el nuevo comando.

REEMPLAZAR POR SINÓNIMOS

Word 2010 ofrece una larga lista de sinónimos con los que reemplazar palabras de un documento.

PRÁCTICA:

Pruebe a utilizar la función Sinónimos de Word 2010:

1. Abra el documento.
2. Haga clic con el botón derecho del ratón sobre la palabra cuyos sinónimos quiera localizar.
3. En el menú contextual, seleccione Sinónimos.
4. Haga clic en el sinónimo más adecuado para reemplazar con él la palabra seleccionada.

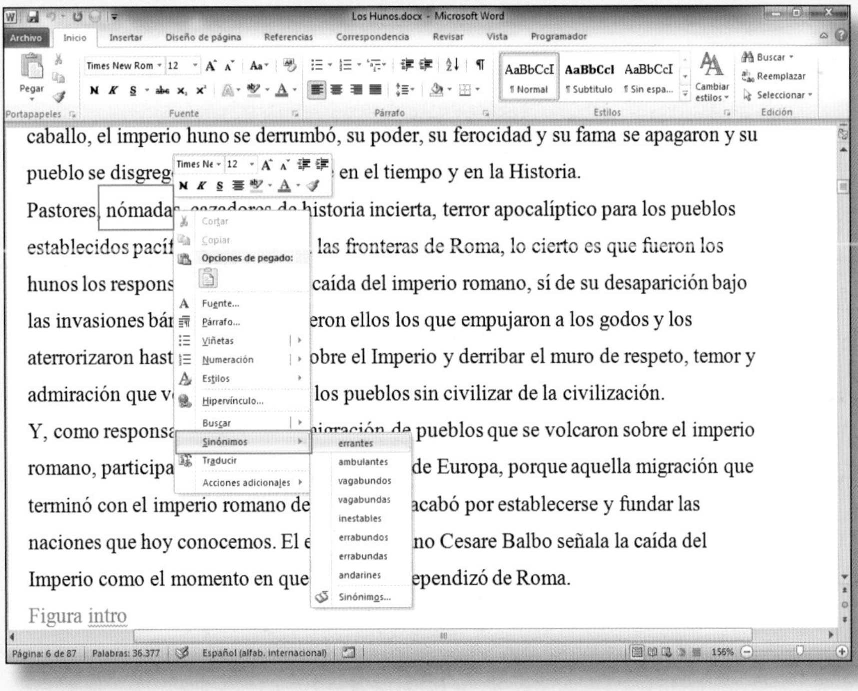

Figura 5.11. Sinónimos para la palabra seleccionada: "nómadas".

TRADUCIR CON WORD

El nuevo Minitraductor de Word 2010 permite traducir palabras de y a cualquier idioma, aunque no tenga instalado dicho idioma.

Nota: Para ver y configurar los idiomas instalados, haga clic en la ficha Revisar y después en el botón **Idioma** del grupo Idioma. Cuando se abra el menú, haga clic en Preferencias de idioma. Observe los idiomas que llevan la anotación Habilitado, normalmente, español internacional e inglés de Estados Unidos. Haga clic en Agregar idiomas de edición adicionales para añadir otros idiomas.

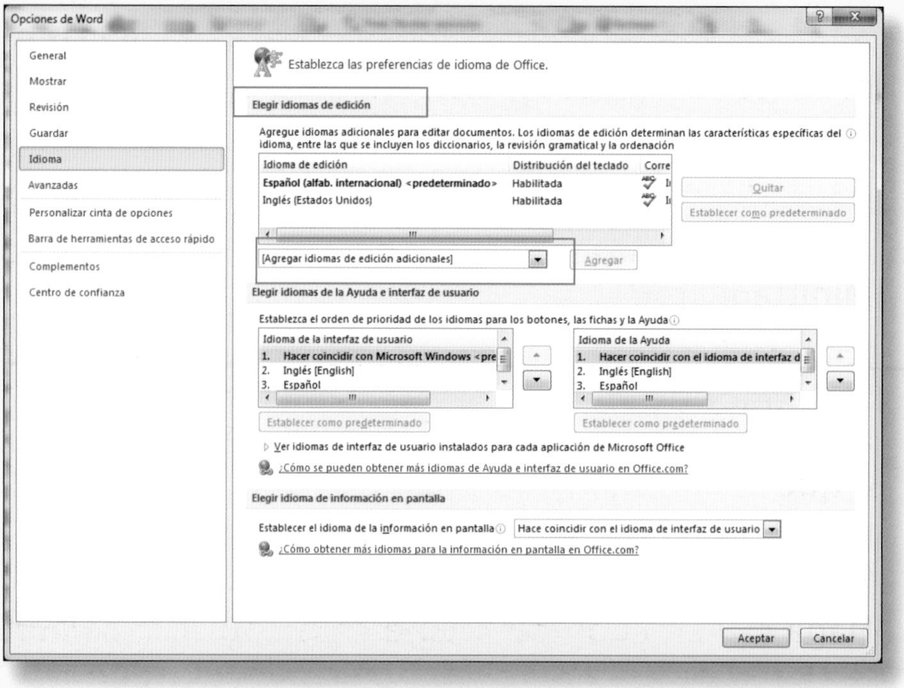

Figura 5.12. La ficha Idioma permite seleccionar idiomas para edición y corrección.

PRÁCTICA:

Pruebe a traducir una palabra o frase:

1. Haga clic en la ficha Revisar y después en el botón **Traducir**.
2. En el menú, haga clic en la opción Elegir idioma de traducción.
3. En el cuadro de diálogo Opciones de idioma de traducción, haga clic en la lista desplegable Traducir a: y elija un idioma. Recuerde que no es necesario tenerlo instalado ni habilitado, pues se trata de elegir el idioma del Minitraductor que solamente traduce una palabra o frase corta.
4. En este mismo cuadro de diálogo, puede elegir el idioma para traducir documentos completos o trozos grandes de texto, seleccionándolo en las listas Traducir de: y Traducir a:.
5. Haga clic en **Aceptar**.
6. Haga clic de nuevo en el botón **Traducir** y seleccione Minitraductor.
7. Para poder traducir una palabra, aproxime el ratón. Para traducir una frase, selecciónela y después aproxime el ratón. No haga clic. Espere un segundo a que aparezca el Minitraductor. Si le acerca el ratón, podrá ver la traducción y los botones con las opciones que ofrece.
8. Haga clic en el botón **Copia** para copiar la palabra al Portapapeles. Luego podrá pegarla en cualquier lugar pulsando las teclas **Control** y **V** al mismo tiempo o haciendo clic en el botón **Pegar** de la ficha Inicio.

9. Si quiere oír la pronunciación de la palabra traducida, haga clic en el botón **Reproducir** del Minitraductor.

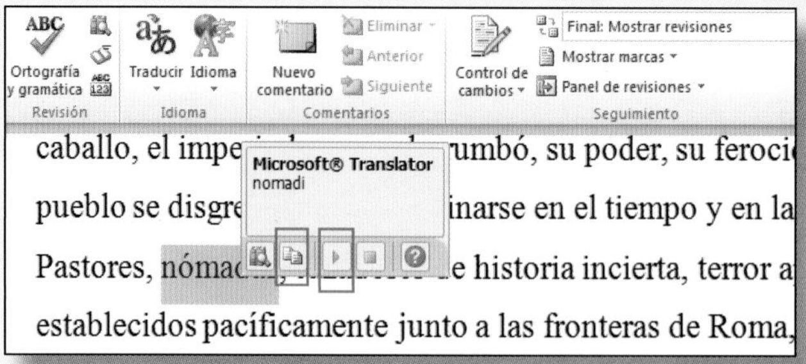

Figura 5.13. El Minitraductor de Word 2010 ha traducido la palabra "nómadas" al italiano sin tener el idioma instalado ni habilitado.

Nota: El Minitraductor continuará funcionando aunque no lo utilice. Para cerrarlo, haga clic de nuevo en la opción Minitraductor del menú del botón **Traducir**.

PRÁCTICA:

Pruebe a traducir un texto:

1. Seleccione la porción de texto que quiera traducir.
2. Vuelva a hacer clic en **Traducir** y seleccione Traducir texto seleccionado.
3. Se abrirá el panel de tareas Referencia con información para traducir al idioma que haya elegido anteriormente. Si lo desea, puede cambiarlo haciendo clic en las listas desplegables De: y A:

4. Haga clic en la flecha verde para traducir el texto. Si no ha cambiado el idioma, la traducción aparecerá sin hacer clic.

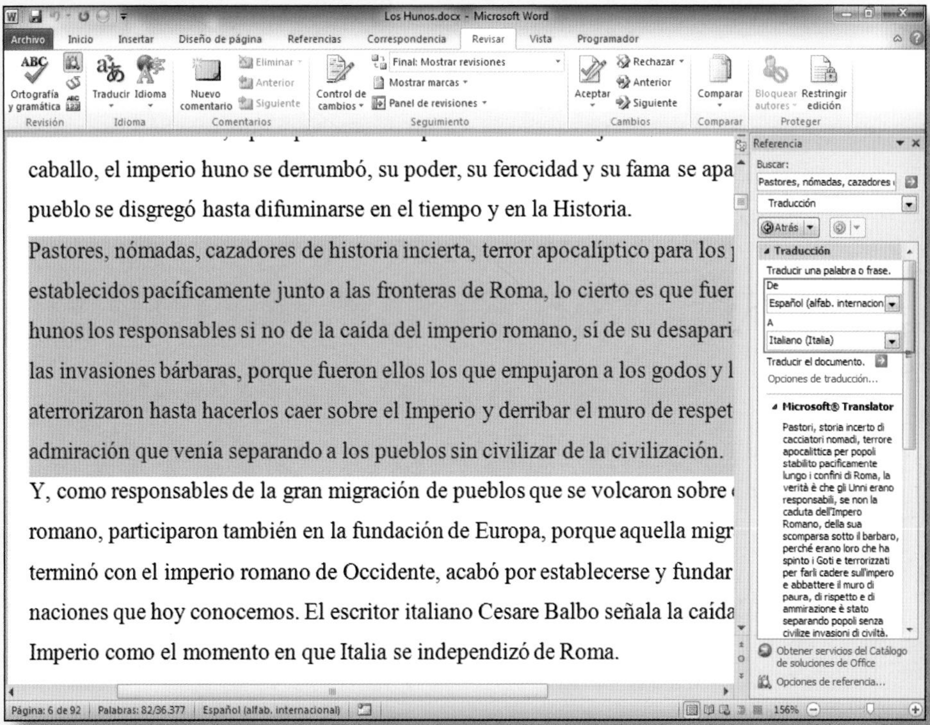

Figura 5.14. El texto seleccionado aparece en el panel Referencia traducido al italiano.

Nota: La opción Traducir documento del menú **Traducir** envía el documento a través de Internet al servidor de Lingo y devuelve la traducción en Internet Explorer. Pero son traducciones literales, hechas por un ordenador que hay que revisar porque contienen numerosos errores gramaticales y conceptuales.

6

Complete y mejore sus documentos con Word 2010

Word 2010 ofrece numerosos elementos que se pueden agregar a un documento para completarlo y mejorarlo. Veamos algunos.

TABLA DE CONTENIDO

Si ha elaborado un texto con varios capítulos o epígrafes, puede crear fácilmente una tabla de contenido, con la condición de que los títulos esté formateados con los estilos Título 1, Título 2, Título 3 u otros estilos de títulos del panel de tareas Estilos.

Nota: Recuerde que para formatear un título con un estilo de título, solamente tiene que hacer clic en él y abrir el panel de tareas Estilos, haciendo clic en el botón **Iniciador de cuadro de diálogo** del grupo Estilos de la ficha Inicio. Finalmente, haga clic en el estilo de título que desee.

PRÁCTICA:

Pruebe a crear una tabla de contenido en un documento que tenga títulos y subtítulos formateados con los estilos del panel de tareas Estilos.

1. Haga clic en el lugar del documento en el que quiera situar la tabla de contenido, por ejemplo, al principio o al final del texto.
2. Haga clic en la ficha Referencias y después en el comando Tabla de contenido, en el extremo izquierdo de la ficha.

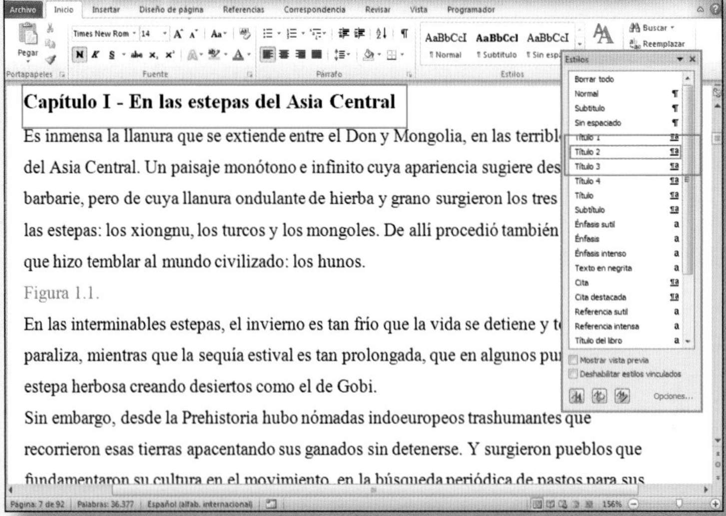

Figura 6.1. El título formateado con un estilo de títulos.

3. Haga clic en la tabla automática que desee. Se creará en el lugar del documento en el que haya hecho clic. Recuerde que si el resultado no le agrada, puede hacer clic en el botón **Deshacer** de la barra de herramientas de acceso rápido y volver a empezar.

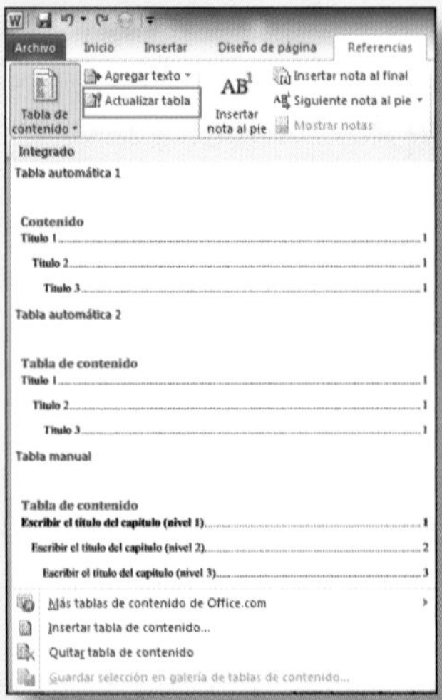

Figura 6.2. El menú para seleccionar una tabla de contenido automática.

Nota: Si continúa escribiendo después de insertar la tabla de contenido, puede actualizarla para incluir los nuevos capítulos o números de página, haciendo clic en el comando Actualizar tabla del grupo Tabla de contenido de la ficha referencias. Está señalado en la figura 6.2.

NÚMEROS DE PÁGINA

PRÁCTICA:

Pruebe ahora a insertar números de página en un documento:

1. Haga clic en la ficha Insertar y después en el comando Número de página, del grupo Encabezado y pie de página.
2. Seleccione en el menú el lugar en que irá el número de página, por ejemplo, Final de página.
3. Seleccione el formato del número de página, por ejemplo, Número sin formato.

Nota: El número de página no se ve si el documento está en vista Borrador.

Nota: El menú del comando Número de página tiene al final la opción Quitar números de página que permite eliminarlos.

NOTAS AL PIE

PRÁCTICA:

Para insertar una nota al pie en un documento, hay que hacer lo siguiente. El documento debe estar en modo de ver Diseño de impresión.

1. Haga clic donde desee insertar la nota al pie.
2. Haga clic en la ficha Referencias y después en el comando Insertar nota al pie del grupo Notas al pie.
3. Escriba el texto de la nota y aplíquele un formato si lo desea.
4. Haga doble clic en el número de la nota para volver al texto.
5. Para ver el contenido de la nota al pie, aproxime el cursor al número de la nota.

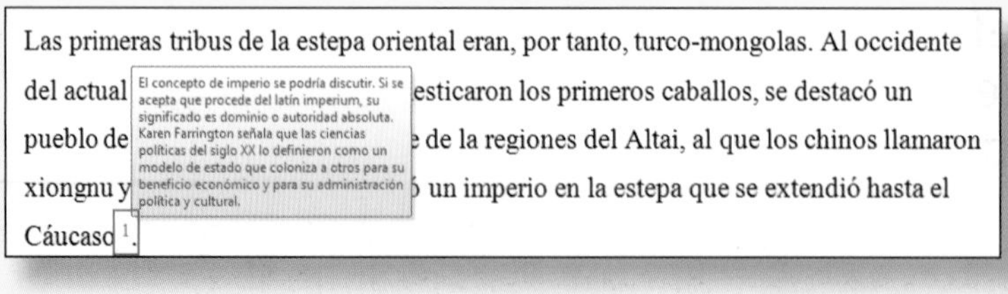

Figura 6.3. Aproxime el ratón para leer el texto de la nota al pie.

La ventana Notas al pie

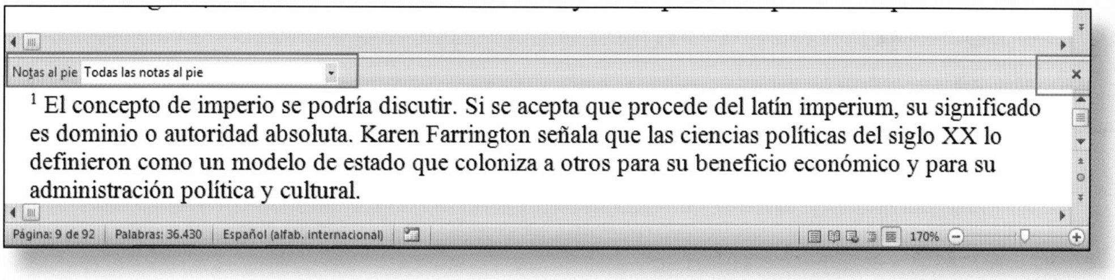

Figura 6.4. La ventana Notas al pie.

PRÁCTICA:

La ventana Notas al pie se abre al hacer clic en el comando Mostrar notas del grupo Notas al pie de la ficha Referencias. Para cerrarla, hay que hacer clic en el botón **Cerrar**, que tiene forma de aspa, situado en la esquina superior derecha. Véalo en la figura 6.4.

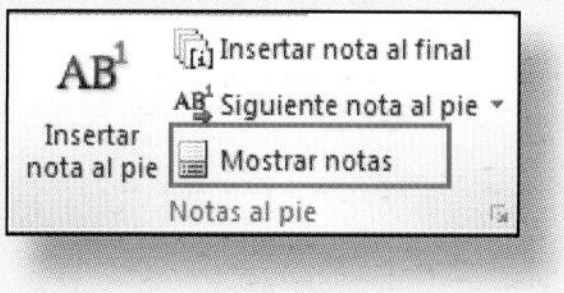

- En modo de ver Borrador, las notas al pie aparecen en una ventana diferenciada del resto del texto.
- Para modificar una nota, hay que seleccionarla y escribir encima el nuevo texto.
- Para formatear una nota, hay que seleccionarla y aplicarle un formato de carácter.
- Para borrar una nota al pie, hay que borrar la marca de referencia del texto. Para ello basta seleccionar el número de la nota y pulsar la tecla **Supr**, como para cualquier otro texto.
- Para ir a una nota determinada, hay que hacer doble clic en la marca de referencia del texto.

- Para insertar una nota al final en lugar de una nota al pie, haga clic en el comando Insertar nota al final, que está situado junto a Insertar nota al pie.
- Para recorrer las notas de un texto, hay que hacer lo siguiente:
  1. Haga clic en el comando Buscar de la ficha Inicio.
  2. Haga clic en la ficha Ir a del cuadro de diálogo Buscar y reemplazar.
  3. Haga clic en Nota al pie en la lista Ir a de la izquierda.
  4. Haga clic en **Siguiente**. Si desea ir a una nota determinada, escriba el número y haga clic en el botón **Ir a**.

Nota: Cuando visualice notas, pies de página, etc., los verá en modo Encabezado y pie de página. Para salir de esa vista y regresar al documento, haga clic en el botón **Cerrar encabezado y pie de página**, de la ficha Herramientas para encabezado y pie de página que se abre al trabajar con este tipo de elementos.

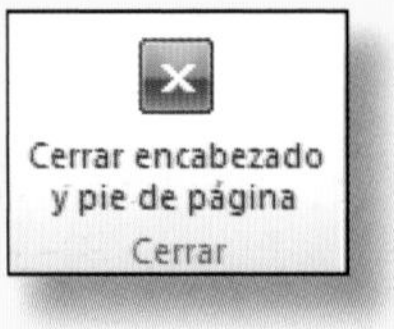

IMÁGENES

Word permite insertar todo tipo de objetos en los documentos. Para ello hay que utilizar los comandos de la ficha Insertar.

PRÁCTICA:

Pruebe a insertar una fotografía en un texto y a retocarla después:

1. Haga clic en el lugar del texto en el que quiera colocar la imagen.

2. Haga clic en el botón **Imagen** del grupo Ilustraciones de la ficha Insertar.
3. En el cuadro de diálogo Insertar imagen, seleccione la imagen a insertar. Si está dentro de una carpeta, haga doble clic en ella para abrirla.
4. Para ajustar el tamaño, haga clic en la imagen para seleccionarla. Aparecerán los controladores de tamaño alrededor como pequeños círculos. Puede verlos en la figura 6.5. Aproxime el ratón a un controlador de esquina (para no perder la relación de tamaño) y cuando se convierta en una flecha de dos puntas, haga clic y arrastre hacia dentro para disminuir el tamaño de la imagen o hacia fuera para agrandarla.

5. Para cambiarla de lugar, haga clic en ella y cuando el ratón se convierta en una flecha de cuatro puntas, arrástrela.
6. Para colocar la fotografía respecto al texto del documento, haga clic en el botón **Posición** del grupo Organizar de la ficha Herramientas de imagen. Esta ficha se añade a la cinta de opciones al manejar imágenes. Véala en la figura 6.5. Arrastre el ratón sobre el menú Posición y observe cómo la imagen cambia de posición. Haga clic en la posición que le satisfaga.

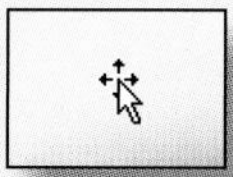

7. Si coloca la imagen dentro del texto, haga clic en el botón **Ajustar texto** y pruebe la opción más conveniente arrastrando el ratón y haciendo clic en ella.
8. También puede retocar la imagen con las herramientas de Word 2010.
9. Seleccione la fotografía insertada y después haga clic en Correcciones, en el grupo Ajustar de la ficha Herramientas de imagen. Puede ver las opciones marcadas en la figura 6.5.

Figura 6.5. La fotografía insertada se puede ajustar y retocar con los comandos de Word.

10. Pruebe a aproximar el ratón a las diferentes opciones de Ajustar nitidez y Brillo y contraste. Haga clic en la opción que le parezca satisfactoria.

11. Si lo desea, pruebe las restantes opciones y comandos de la ficha Herramientas de imagen, por ejemplo, Efectos artísticos . Recuerde que siempre puede recurrir al botón **Deshacer**.

Nota: Si no dispone de imágenes o fotografías, haga clic en el botón **Imágenes prediseñadas** para insertar una imagen de Office 2010 y después haga clic en el botón **Buscar**. También puede acceder a la Galería multimedia haciendo clic en el menú Inicio de Windows, seleccionando Todos los programas, después Microsoft Office y a continuación Herramientas de Microsoft Office 2010 y Galería multimedia de Microsoft.

SALTOS DE PÁGINA Y SECCIÓN

Word inserta un salto de página cada vez que completa el número de líneas de texto que llenan una página, según el diseño, es decir, según los márgenes, el tamaño del papel, etc.

Si necesita insertar un salto de página manual, por ejemplo, para iniciar un nuevo capítulo, pulse al mismo tiempo las teclas **Control** e **Intro**. También puede hacer clic en la ficha Insertar y seleccionar el comando Salto de página del grupo Páginas.

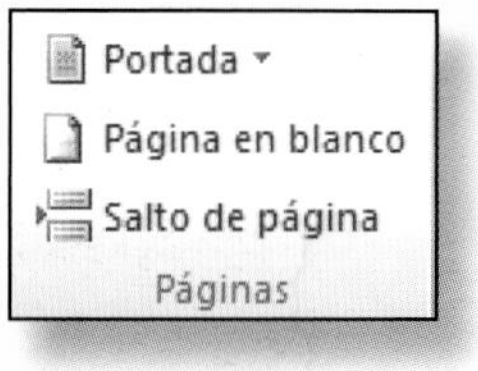

Una sección es una división del documento que se diferencia de las restantes, por ejemplo, en que lleva un espaciado o un interlineado diferente. Para insertar un salto de sección hay que hacer clic en el comando Saltos del grupo Configurar página de la ficha Diseño de página. Después hay que elegir el tipo de salto de sección que conviene a cada caso.